全球奶业20强企业案例分析

◎ 彭 华　王兴文　张 超　著

中国农业科学技术出版社

图书在版编目（CIP）数据

全球奶业 20 强企业案例分析 / 彭华等著. -- 北京：中国农业科学技术出版社，2021.12

ISBN 978-7-5116-5513-4

Ⅰ.①全… Ⅱ.①彭… Ⅲ.①乳品工业—工业企业管理—案例—世界 Ⅳ.① F416.82

中国版本图书馆 CIP 数据核字（2021）第 197610 号

责任编辑　金　迪
责任校对　贾海霞
责任印制　姜义伟　王思文

出 版 者	中国农业科学技术出版社
	北京市中关村南大街 12 号　　邮编：100081
电　　话	（010）82106625（编辑室）（010）82109702（发行部）
	（010）82109709（读者服务部）
传　　真	（010）82106643
网　　址	http:// www.castp.cn
经 销 者	各地新华书店
印 刷 者	北京建宏印刷有限公司
开　　本	185mm×260mm　1/16
印　　张	13.5
字　　数	280 千字
版　　次	2021 年 12 月第 1 版　2021 年 12 月第 1 次印刷
定　　价	180.00 元

版权所有·侵权必究

《全球奶业 20 强企业案例分析》
著者名单

主　著	彭　华	王兴文	张　超
副主著	王礞礞	王　晶	
参著人员	彭　华	王兴文	张　超
	王礞礞	张淑荣	高　然
	王晶晶	韩　萌	王　晶
	魏　舒	田亚如	夏千童
	余泽田	李慧燕	任秋鸿
	董晓霞	龙　燕	李竞前

PREFACE 前言

全球奶业20强企业（以下简称20强企业）排行榜由荷兰合作银行发布，以全球各大乳品企业销售数据和财务报表信息为排位的主要依据，结合权威专家的研究与分析得出的，是目前全球奶业最权威排行榜单之一。中国的内蒙古蒙牛乳业（集团）股份有限公司（以下简称蒙牛）和内蒙古伊利实业集团股份有限公司（以下简称伊利）先后于2009年和2010年开始进入20强企业排行榜，在充分展示发展实力的同时，预示着中国乳品企业在全球奶业资源分配中的话语权和影响力在逐步加大。但包括蒙牛、伊利在内的国内众多乳品企业同其他全球奶业20强中的企业相比，还存在产品结构单一、与奶农利益联结机制不紧密、全球化布局不足等问题。"他山之石，可以攻玉"，借鉴其他20强企业的发展经验，取其精华，可以让中国乳品企业的发展少走弯路。但国内针对以上问题的研究主要基于奶业发达国家的整体情况，鲜有基于国际大型奶业企业的个案研究，因此开展本书籍的编撰工作很有意义。

为方便读者对比阅读，书稿按照企业总部所在地区，依次按欧洲、北美洲、大洋洲、亚洲的顺序进行排布，由于20强企业中，法国乳品企业较多，排在最前面。本书的读者主要定位为国内奶业相关从业人员，因此选择除伊利、蒙牛之外的其余18家20强企业进行案例分析。

每个企业均基于企业官方网站、历年年报等一手资料进行分析，通过系统梳理各个企业的发展历程、公司区域布局和产品布局及与奶农的利益联结机制构建等内容，提出可供中国奶业尤其是乳品企业借鉴的经验。国内乳品企业可以结合自身实际情况有所借鉴，或丰富产品结构，提高奶酪、黄油、乳基类特殊医学营养品等高附加值产品的生产和加工；或创新与奶农的合同签订方式及奶价制定方式，与奶农建立长期稳定的合同关系；或通过并购海外本土企业或在海外建厂，加快全球布局的步伐。

本书的著者以中国农业科学院农业信息研究所《中国乳业》编辑部多年从事奶业研究的团队成员为主，同时邀请了天津农学院、北京市延庆区农机服务站等机构长期从事奶业研究的青年学者参与了相关章节的撰写。其中，阿格鲁普尔（Agropur）、保健然（Savencia）、萨普多（Saputo）三家企业由王兴文撰写，美国奶农合作社（Dairy Farmers of America）、明治（Meiji）、施赖伯（Schreiber Foods）三家企业由张超撰写，兰特黎斯（Lactalis）由张淑荣、李慧燕、王兴文撰写，诺德胡马纳（Deutsches Milchkontor GmbH）由高然撰写，阿拉福兹（Arla Foods）由韩萌撰写，古吉拉特邦（Gujarat Co-operative Milk Marketing Federation）由彭华、董晓霞撰写，达能（Danone）由彭华、任秋鸿、龙燕撰写，恒天然（Fonterra）由田亚如、董晓霞撰写，西奥穆勒（Theo Müller）由王晶、董晓霞撰写，荷兰皇家菲仕兰（FrieslandCampina）由王晶晶撰写，索地雅（Sodiaal）由王礞礞撰写，雀巢（Nestle）由魏舒撰写，联合利华（Unilever）由余泽田、李竞前撰写，卡夫亨氏（Kraft Heinz）由夏千童撰写。

  本书的出版得到了农业农村部政府购买服务项目"农产品质量安全"（125A0613）、天津市奶牛（肉羊）产业技术体系创新团队建设项目（ITTCRS2021000）等项目的资助。在课题研究中得到了国内众多领导、专家学者的帮助与指导，在此一并感谢。

  由于案例分析所用资料主要来源于企业官方网站及年报等一手资料，除了英文，还会有企业所在国家的官方语言如法语、德语等，在翻译的过程中难免会有不准确之处，而且缺少实地调研，对各个企业的发展认识体会也不够深，加上作者水平有限，书中错漏或不妥之处在所难免，恳请广大读者批评指正。

著者
2021 年 9 月

CONTENTS 目录

全球奶业 20 强企业概况 ·· 1

兰特黎斯（Lactalis） ·· 7
1 公司发展 ·· 8
2 公司经营策略 ··· 15
3 可持续发展战略 ·· 17
4 与奶农的利益联结机制 ·· 18
5 对中国奶业发展的启示 ·· 20

达能（Danone） ·· 23
1 公司发展 ·· 24
2 在中国的发展 ··· 26
3 公司区域布局 ··· 27
4 与奶农的利益联结机制 ·· 29
5 对中国奶业发展的启示 ·· 31

索地雅（Sodiaal） ··· 35
1 公司发展 ·· 36
2 与奶农的利益联结机制 ·· 40
3 公司对法国的贡献 ··· 42
4 对中国奶业发展的启示 ·· 43

保健然（Savencia） ··· 45
1 公司发展 ·· 46
2 与奶农的利益联结机制 ·· 49

I

3　在中国的发展 ··· 51
  4　对中国奶业发展的启示 ·· 52

荷兰皇家菲仕兰（FrieslandCampina） ···································· 55
  1　公司发展 ·· 56
  2　与奶农的利益联结机制 ·· 59
  3　对中国奶业发展的启示 ·· 63

联合利华（Unilever） ··· 65
  1　公司发展历史 ·· 66
  2　公司布局 ·· 67
  3　公司销售模式 ·· 70
  4　公司品牌战略 ·· 70
  5　公司与奶农的利益联结机制构建 ··· 72
  6　对中国奶业发展的启示 ·· 74

阿拉福兹（Arla Foods） ·· 77
  1　合作社发展 ··· 78
  2　合作社经营模式与战略 ·· 82
  3　可持续发展战略 ··· 84
  4　对中国奶业发展的启示 ·· 85

诺德胡马纳（Deutches Milchkontor GmbH） ························· 87
  1　公司发展 ·· 88
  2　与奶农的利益联结机制 ·· 93
  3　对中国奶业发展的启示 ·· 94

西奥穆勒（Theo Müller） ·· 97
  1　公司发展 ·· 98
  2　与奶农的利益联结机制 ··· 103
  3　对中国奶业发展的启示 ··· 105

雀巢（Nestle） ... 107
- 1 公司发展 ... 108
- 2 与奶农的利益联结机制 ... 117
- 3 对中国奶业发展的启示 ... 119

美国奶农合作社（Dairy Farmers of America） ... 123
- 1 合作社发展 ... 124
- 2 与奶农的利益联结机制 ... 128
- 3 对中国奶业发展的启示 ... 129

施赖伯（Schreiber Foods） ... 131
- 1 公司发展 ... 132
- 2 与奶农的利益联结机制 ... 136
- 3 对中国奶业发展的启示 ... 137

卡夫亨氏（Kraft Heinz） ... 139
- 1 公司发展 ... 140
- 2 与奶农的利益联结机制 ... 144
- 3 在中国的发展 ... 146
- 4 对中国奶业发展的启示 ... 148

萨普多（Saputo） ... 151
- 1 公司发展 ... 152
- 2 与奶农的利益联结机制 ... 157
- 3 对中国奶业发展的启示 ... 159

阿格鲁普尔（Agropur） ... 161
- 1 公司发展 ... 162
- 2 与奶农的利益联结机制 ... 165
- 3 对中国奶业发展的启示 ... 167

恒天然（Fonterra） ··· 169
    1 公司发展 ··· 170
    2 在中国的发展 ··· 174
    3 与奶农的利益联结机制 ··· 176
    4 对中国奶业发展的启示 ··· 179

古吉拉特邦（Gujarat Co-operative Milk Marketing Federation） ········· 183
    1 公司利益创造机制 ··· 184
    2 与奶农的利益联结机制 ··· 188
    3 对中国奶业发展的启示 ··· 191

明治（Meiji） ·· 195
    1 公司发展 ··· 196
    2 与奶农的利益联结机制 ··· 200
    3 对中国奶业发展的启示 ··· 201

全球奶业20强企业概况

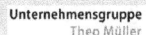   

 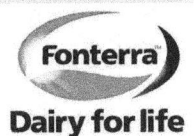  

通过梳理20强企业的发展历史、公司区域布局和产品布局及与奶农的利益联结机制构建等内容，发现20强企业具有以下7个特点。

1. 20强企业普遍历史悠久

全球奶业20强企业中，12家企业成立时间超过50年，其中有4家达到百年以上（表1）。其余8家企业，除了中国的蒙牛和伊利，另外6家企业均是由具有悠久历史的多个合作社企业或私营公司合并成立而来。如FrieslandCampina（菲仕兰）是荷兰的两家合作社企业Friesland food与Campina于2008年合并成立，Dairy farms of American（美国奶农）和Fonterra（恒天然）则由其国内的多家合作社合并成立而来。Kraft Heinz由19世纪末成立的亨氏食品公司和20世纪初成立卡夫食品公司于2015年合并成立。DMK集团是由胡马纳乳业（Humana）和诺德乳业（Nordmilch）于2011年合并成立。Arla foods由瑞典乳业合作社与丹麦乳业公司MD Foods于2000年合并成立。

2. 全球奶业20强企业逐渐分化为三个梯队

第一梯队为前四强，2020年乳制品销售额在170亿美元以上；长期由雀巢（Nestlé）、达能（Danone）、兰特黎斯（Lactalis）把持；第一和第二之间的差距，由最高时（2014年）的121亿美元下降到2019年的11亿美元，2020年Lactalis超过雀巢成为全球第一，差距又升至22亿美元。第二梯队，排名从第5到第10，营业额为110亿～140亿美元；中国的伊利虽然在2020年之后排名从第8跃升至第5，但与第一梯队相比，还有至少48亿美元的差距。第三梯队，为后10强，营业额在70亿美元以下（图1）。

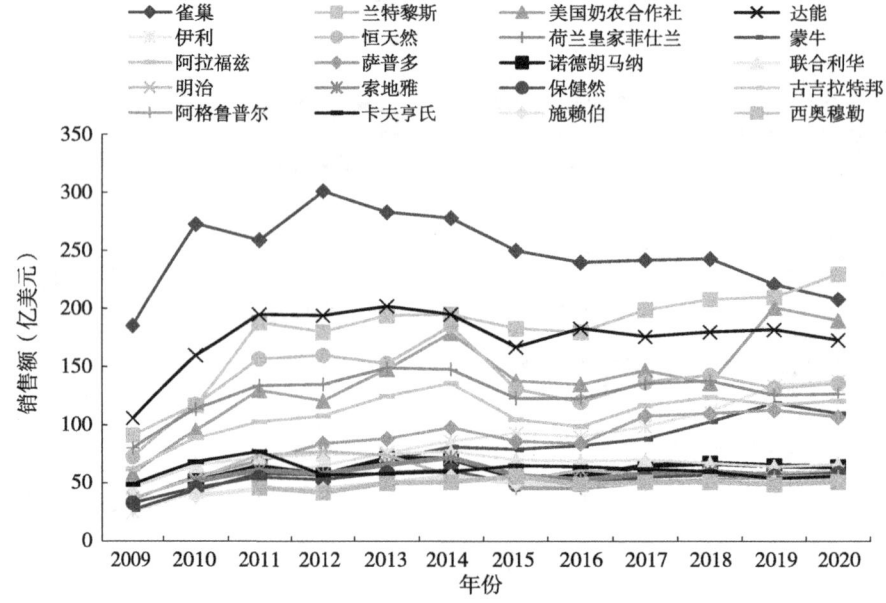

图1　2009—2020年全球奶业20强企业乳制品销售额情况

（数据来源：荷兰合作银行）

全球奶业20强企业概况

表1 全球奶业20强企业基本情况

排名 2021年	排名 2020年	企业名称	总部所在国家	成立时间	乳制品销售额（亿美元）2020年	乳制品销售额（亿美元）2019年	企业类型	市场份额（%）本地区	市场份额（%）其他地区
1	2	Lactalis	法国	1933年	230	210	私营，全球性纯乳品企业	58	42
2	1	Nestlé	瑞士	1866年	208	221	私营，全球性综合性食品加工企业	1.4	98.6
3	3	Dairy farms of American	美国	1998年	190	201	合作社，区域性纯乳品加工企业		
4	4	Danone	法国	1919年	173	182	私营，全球性综合性食品加工企业	19	81
5	5	伊利	中国	1993年	138	134	区域性纯乳品企业		
6	6	Fonterra	新西兰	2001年	136	132	合作社，全球性纯乳品企业	30.3	69.7
7	7	FrieslandCampina	荷兰	2008年	127	126	合作社，全球性综合性食品加工企业	52.2	47.8
8	9	Arla foods	丹麦/瑞典	2000年	121	118	合作社，全球性纯乳品企业	70	30
9	8	蒙牛	中国	1999年	110	119	区域性纯乳品企业		
10	10	Saputo	加拿大	1954年	107	113	私营，全球性纯乳品企业	27	73
11	12	Unilever	荷兰/英国	1929年	66	64	私营，全球性综合性食品加工企业		
12	11	DMK	德国	2011年	64	65	合作社，区域性纯乳品加工企业		
13	13	Meiji	日本	1916年	60	59	私营，区域性综合性食品加工企业	92.7	7.3
14	15	Savencia	法国	1956年	59	56	私营，区域性纯乳品加工企业	71.8	28.2
15	18	Kraft Heinz	美国	2015年	56	54	私营，全球性综合性食品加工企业	71.09	28.91
16	17	Agropur	加拿大	1938年	56	55	合作社，区域性纯乳品加工企业		
17	14	Sodiaal	法国	1964年	55	57	合作社，区域性纯乳品加工企业		
18	16	GCMMF	印度	1946年	53	55	合作社，区域性纯乳品加工企业		
19	19	Schreiber foods	美国	1945年	51	51	私营，区域性纯乳品加工企业		
20	20	Müller	德国	1896年	51	49	私营，全球性综合性食品加工企业		

注：排名和乳制品销售额为2020年和2021年荷兰合作银行发布的"全球奶业20强企业"排行榜数据；市场份额数据来源于企业年报，Danone是以欧洲作为本地区，Lactalis和Unilever以欧洲作为本地区，其他企业以总部所在国作为本地区。

3. 通过并购实现销售增长是众多企业的普遍战略

一是企业通过大的收购事件进入"全球奶业20强企业"排行榜。如Agropur 2014年完成收购总部位于明尼苏达州的家族企业Davisco食品企业，销售额从2014年的46.6亿美元上升至2015年的58.7亿美元，并于2016年首次进入20强企业排行榜。二是合作社企业之间通过合并增大业务规模进入20强企业排行榜。20强企业中的合作社企业更多是在十年前通过本国范围内合作社之间的合并，进而产生更大规模的合作社，在生产经营范围内实现规模经济，获得的市场份额也快速提高。如荷兰的Friesland food与Campina于2008年合并成立FrieslandCampina后，其鲜奶份额占荷兰全行业加工处理总量的80%，2009年进入20强企业排行榜，多年来一直处在第二梯队。三是通过并购事件实现排名顺序的变动。2015年Danone收购WhiteWave，暂时超过Lactalis重回到第二强位置，Lactalis又分别于2017年7月和2018年1月通过收购两大酸奶品牌，即Stonyfield（交割金额8.75亿美元）和siggi's，在2018年夺回第二强位置。2020年初，美国的Dairy farms of American因收购本国另一家上一年全球奶业20强企业中排名第11的Dean Foods进入第一梯队，排名第三。中国的伊利在2019年收购新西兰的Westland，蒙牛因收购澳大利亚的奶粉品牌贝拉米（Bellamy's Australia Limited）并与可口可乐公司成立合营企业发力低温奶市场，分别实现排名前进3名和2名。

4. 20强企业以跨区域销售为主

20强企业大部分为跨国企业，在全球范围内开展经营活动。整体来看，排名靠前的跨国企业以全球性经营为主，排名靠后的企业以区域性经营为主。其中，Nestlé的全球化程度最深，其产品几乎在全球所有国家进行销售，在美国的销售份额最大，占总销售额的30.2%，其次是中国，占总销售额的7.7%。排在第13位的明治，其产品主要在日本和其他亚洲地区销售。

5. 大部分20强企业产品实现多元化布局

按照业务结构可将20强企业划分为三种类型，第一种是纯乳品企业，有13家企业。第二种是大食品企业，共有5家企业，这类企业除了乳制品业务，还有其他食品业务，如达能还有瓶装水、植物基产品业务。第三种是混合业务企业，有两家企业。这类企业除了乳制品业务，还有其他业务，如联合利华还有化妆品业务，明治还有糖果业和药业业务。

6. 合作社在利益联结机制构建方面发挥了重要作用

根据经营主体的不同，20强企业可划分为合作社企业和私营企业。20强企业有

8家为合作社企业，奶农直接作为乳品企业的股东参与乳品企业的经营。而大部分私营企业通过合作社与奶农合作。如加拿大 Savencia 公司与奶农合作社签订合同收奶，不接受单个牧场交售的生鲜乳。达能针对非洲和拉丁美洲市场，由于奶牛养殖规模普遍在10头以下，主要通过合作社或建立收集中心采购这些牧场的生鲜乳。

7. 20强企业都致力于与奶农建立良好可持续的合作关系

无论是合作社企业还是私营企业都采取各种有效措施保障与奶农建立良好可持续的合作关系。一是建立公平公正的生鲜乳价格形成机制。如 Savencia 根据乳制品的市场指标、价格构造以及原料奶的成本通过公式计算出奶价。从2012年开始，达能先后与美国、欧洲和俄罗斯的合作奶农签订成本效益模型（Cost Performance Model，CPM）合同。二是优化收奶方式。雀巢坚持向当地奶农收购牛奶，在哥伦比亚、印度尼西亚、巴基斯坦、中国等国家都建立了离牧场最近的收集中心和乳品加工厂。法国 Lactalis 公司与奶农、合作社签订的收奶合同为期5年，5年内有效约束了双方，也保障了双方利益。三是积极帮扶奶农。所有企业都通过提供专业的培训和服务帮助奶农提高奶牛养殖水平和生鲜乳质量，节本增效，提高其可持续发展能力。此外，各个企业根据自身情况采取措施保障奶牛权益，比如 Dairy farms of American（美国奶农合作社）建立风险管理部门，通过期货的价格发现、套期保值等手段有效规避生鲜乳价格下跌、饲料价格上涨等风险，帮助奶农获得利润。恒天然建立了乳制品期货和期权市场，稳定牛奶价格，保障奶农利益。Agropur 专门成立了青年合作社领导人计划，培养牧场"牛二代"等。

兰特黎斯

Lactalis

- 总部：法国
- 成立时间：1933 年
- 企业性质：私营企业，全球性纯乳品企业
- 2020 年乳制品销售额：230 亿美元
- 2021 年"全球奶业 20 强企业"排行榜：No.1

法国兰特黎斯（Lactalis）于1933年始创于法国的拉瓦尔市，贝斯尼尔祖孙三代一直秉承着"实现乳制品种类全覆盖"的初衷，潜心经营，打造品牌。2020年兰特黎斯以210亿美元的销售额跃居"全球奶业20强企业"排行榜第二名，成为全球第一大乳品集团、全球第一大奶酪制造商、全球第三大液态奶制造商。源于收奶量和收奶区的不断扩张、国际化经营战略和尊重各国特色与文化的发展理念，兰特黎斯成长为一家真正的"全球本土化公司"。本文基于法国兰特黎斯官方网站、中国经济网和学术期刊等资料信息与文献，分析其发展现状、经营策略、可持续发展战略及其与奶农利益联结机制，并提出对我国乳业发展可借鉴的经验与启示。

1 公司发展

1.1 发展历程

1.1.1 初创阶段

兰特黎斯始创于1933年，品牌创始人安德烈·贝斯尼尔（André Besnier）（图1）在法国的Laval与合伙人共同创建了第一个软质奶酪品牌Le Petit Lavallois。1948年安德烈·贝斯尼尔成立了拥有25名员工的SARL Société Laitière de Laval A. Besnier & Cie公司，将牛奶质量和消费者需求作为公司发展的关键要素，届时，公司的牛奶供应量已达到1万升。随着乳制品行业竞争的日益激烈，安德烈·贝斯尼尔通过生产黄油和鲜奶油来实现供应多样化，首次以SSL Le Bon Lait品牌推出1升玻璃瓶牛奶。

图1 安德烈·贝斯尼尔

1.1.2 快速发展阶段

1955年安德烈·贝斯尼尔去世，他的儿子米歇尔·贝斯尼尔（Michel Besnier）继承了公司，利用家族企业的优势在两年内将年营业额提高了一倍。1968年，法国西部多家奶牛场加入Laval A. Besnier&Cie公司，从而扩大了乳制品的数量和公司的销售范围，随后，米歇尔·贝斯尼尔推出享有盛誉的"总统"品牌，此品牌的诞生对兰特黎斯具有里程碑意义，已成为该公司的标志性品牌之一。1969年，该公司对产品包装进行了创新，开始销售第一款用利乐砖包装的名为LAIT 2000的牛奶（图2），此次创新不仅成为其象征性标志，同时也深刻影响了法国人的消费习惯。

1.1.3 国际化初始阶段

1970年米歇尔·贝斯尼尔通过销售"布里"这一深受美国人喜爱的甜奶酪，成功打开了海外市场，在多莫斯特设计建造了一家奶酪工厂，实现规模化生产和技术创新。1980年，兰特黎斯收购了Claudel-Roustang和Atlalait奶酪工厂，自此开拓了该公司的山羊奶酪市场。

图2 LAIT 2000牛奶海报

随着业务种类的增加，米歇尔·贝斯尼尔继续向欧洲东部扩张消费市场，从乌克兰、波兰至埃及和意大利逐步延伸。1998年，兰特黎斯通过收购Locatelli——马苏里拉第三大畅销品牌，在马苏里拉的市场建立了自己标志性的地位。1999年为应对国际化，贝斯尼尔将公司正式更名为兰特黎斯，并在同年建造了全球首个乳品行业博物馆（图3），以纪念乳制品行业，并追溯乳制品行业的历史。

图3 全球首个乳品行业博物馆

1.1.4 全球化发展阶段

2000年，米歇尔·贝斯尼尔的去世对兰特黎斯造成了严重的打击，伊曼纽尔·贝斯尼尔（Emmanuel Besnier）接管了该公司（图4），自此兰特黎斯开启了第三代家族企业的执掌经营模式。2006年伊曼纽尔收购了意大利知名品牌Galbani，与雀巢成立了新产品合资企业，使该公司在2008年金融危机期间快速恢复并实现盈利。2010年，兰特黎斯先后收购了分别经营奶酪、饮用牛奶和婴幼儿营养品的三家伊比利亚乳品公司Forlasa、Puleva和Sanutri，成为西班牙乳制品市场上的领导者。同时兰特黎斯又收购了意大利帕玛拉特公司83.3%的股份，成为世界上最大的乳制品公司。

图4 伊曼纽尔·贝斯尼尔

2014年兰特黎斯开始拓展在印度、土耳其和南美地区的业务。截至2020年，兰特黎斯年均牛奶采集量达194亿升，成为全球第一大乳品集团，业务遍布全球，在54个国家拥有266家工厂，84 000名员工遍布全球84个国家和地区，并在各个不同的地区实行本土化管理，充分根据当地市场需求调整业务模式，各发展阶段如图5所示。

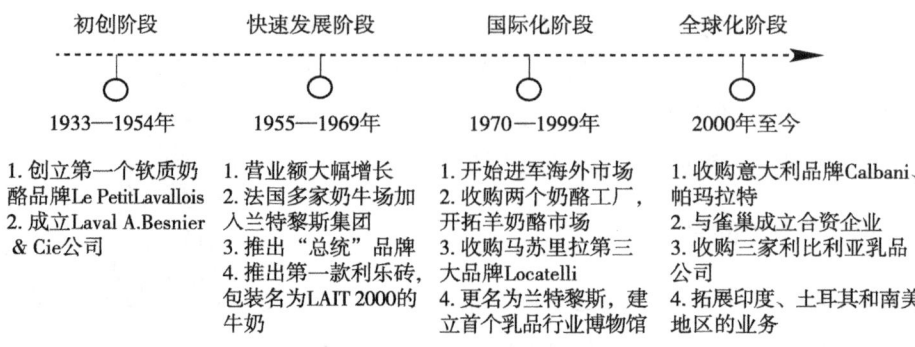

图 5　兰特黎斯集团的 4 个发展阶段

1.2　在中国的发展

1.2.1　在中国的发展历程

1998 年，兰特黎斯正式进入中国市场，向中国消费者提供牛奶、奶油、黄油和奶酪等优质乳制品。2009 年该公司在上海设立办事处，2013 年注册兰特黎斯（上海）贸易有限公司。

2014 年，兰特黎斯旗下的喜丽雅（Celia）品牌通过中国国家认证认可监督管理委员会的进口食品境外生产企业资质审核，率先登陆中国婴配粉（简称婴配粉）市场，产品在中国定位为高端的奶粉制品。2017 年兰特黎斯投资 1 亿欧元并购江苏太子乳业公司，这次收购有利于兰特黎斯在中国实现本土化生产经营，为进一步拓展中国市场提供了有力支持。

2019 年，兰特黎斯在中国成立全资子公司——兰特黎斯食品配料（上海）有限公司，该公司主要业务是向各食品行业提供高质量的产品和服务，如婴配粉、乳制品、乳饮料、巧克力、糖果、冰淇淋、烘焙、运动营养品和保健品等。

1.2.2　在中国市场的知名品牌

兰特黎斯虽然旗下品牌很多，但是中国消费者比较熟悉的品牌主要是 President（总统）、Galbani（格巴尼）和 Lactel（兰特）。President（总统）品牌主打产品是黄油、奶油、奶酪，尤其是总统牌黄油以其浓郁的奶味和高端的品质被国内消费者广泛认可，受到美食爱好者和专业厨师的一致好评。Galbani（格巴尼）品牌是意大利第一大乳制品品牌，主打产品是新鲜马苏里拉奶酪和马斯卡彭奶酪，常被用于制作奶酪沙拉、意大利面、提拉米苏等美食。Lactel（兰特）是法国第一大液态奶品牌，被称为是法国国民口碑奶，现在在中国市场也能购买到 Lactel 的牛奶。

1.3 业务范围

作为全球乳制品行业的重要生产商,兰特黎斯致力于生产全球品类最多的乳制品。遵循当地农业生产特点,尊重居民消费习惯,该公司开发出适合不同群体消费需求的奶粉,扩大乳制品的供应,并由本土的管理团队根据各国市场的需求进行业务调整,为各地方的农村经济发展做出了贡献。

兰特黎斯旗下的业务范围十分广泛,主要包括奶酪、饮用奶、冷冻乳制品、黄油、奶油、乳制品原料和营养品等,详见表1。明星品牌有President(总统)、Galbani(格巴尼)、Lactel(兰特)、Bridel(佩乐)、Flory(法芮雅),Pauls(保利)等,见图6。

表1 兰特黎斯主要业务范围

产品类别	旗下品牌	市场地位
奶酪制品	President(总统)、Galbani(格巴尼)	President品牌销往160个国家和地区
液态奶	Parmalat(帕玛拉特)、Lactel(兰特)、Puleva(普莱瓦)、Pauls(保利)	兰特黎斯的第二大业务,业务范围遍及全球
冷冻乳制品	La Laitièr、Dukat、Ljubljanske Mlekarne、Parmalat(帕玛拉特)	2006年兰特黎斯与雀巢成立合资公司生产冷冻乳制品,La Laitière在法国冷冻乳制品市场排名第二
黄油和奶油	La Motte Président、Flory(法芮雅)、Bridel(佩乐)	La Motte Président以高端定位吸引了海外的消费者,出口到各大洲
营养品	Picot、Celia、Apurna	2006年进入营养品市场,2014年4月开发运动营养品
乳制品配料	奶粉等	受到新兴市场国家尤其是亚洲国家的强烈推崇

图6 兰特黎斯旗下部分品牌LOGO

1.3.1　奶酪制品

兰特黎斯生产的奶酪制品种类繁多，President（总统）和 Galbani（格巴尼）品牌是其旗下最重要的两个奶酪制品品牌。兰特黎斯作为法国生产奶酪种类最多的生产商，在全球范围内开展乳制品业务，其中总统品牌的产品销往 160 个国家，格巴尼品牌销往 140 个国家，为提高法国美食在海外的价值做出了卓越贡献。

1.3.2　液态奶

液态奶是兰特黎斯第二大营业收入业务，旗下拥有 Parmalat（帕玛拉特）、Lactel（兰特）、Puleva（普莱瓦）、Pauls（保利）等主要液态奶品牌。凭借历史悠久的法国品牌 Lactel，兰特黎斯逐渐加强在乳制品市场的地位，特别是 2011 年收购意大利帕玛拉特公司（Parmalat）83.3% 的股权以来，兰特黎斯逐渐在全球开展液态奶业务。

1.3.3　冷冻乳制品

2006 年，兰特黎斯与雀巢合资成立冷冻乳制品公司（Lactalis Nestle Chilled Products）。得益于大量的生产和营销投资，这家合资公司的品牌 La Laitière 成为法国冷冻乳制品市场的第二大品牌，并成功走向欧洲其他地区。此外，兰特黎斯还利用 Dukat、Ljubljanske Mlekarne 和 Parmalat（帕玛拉特）三个品牌，稳固了其在东南欧、南非、加拿大和澳大利亚冷冻乳制品市场的领导地位。

1.3.4　黄油和奶油

黄油和奶油的销售市场主要布局于欧洲，这是由于欧洲的饮食习惯与此类产品高度融合。尽管兰特黎斯黄油和奶油的生产规模很小，但这一产品类别占据了其高达 10% 的营业额，其旗舰品牌 La Motte Président、Flory（法芮雅）和 Bridel（佩乐）以高端定位吸引了众多海外的消费者，出口到各大洲。

1.3.5　营养品

兰特黎斯自 2006 年开始进入营养品市场，通过建立 Picot 和 Celia 品牌不断拓展其国际化发展，加强了其在婴幼儿和临床营养领域的地位。2014 年 4 月以来，兰特黎斯一直在推广其在运动营养领域的专业技术，并开发运动营养品，推出新品牌——Apurna。

1.3.6 乳制品配料

乳制品配料占兰特黎斯营业额的10%。得益于在创新和专业知识方面的高度重视，兰特黎斯在乳制品配料市场份额不断增长。针对食品生产（巧克力、糕点、其他食品行业）、制药和化工行业，乳清粉和其他奶粉提供了大量高技术含量的原料，能够及时满足客户的特定需求，得到了新兴市场国家尤其是亚洲国家的强烈推崇。

1.4 经营业绩

1.4.1 营业额波动中增长，且与营业额第一名差距呈缩小趋势

2012—2020年，兰特黎斯集团在全球的营业额呈波动中增长趋势。如图7所示，兰特黎斯集团营业额由2012年的180亿美元增加到2020年的230亿美元，年均增长率为3.11%。在2012—2019年的全球主要乳品企业营业额排名中，兰特黎斯始终位于前三甲，与时居营业额第一名的雀巢集团之间的差距逐渐缩小，营业额差值由2012年121亿美元缩小到2019年11亿美元。2020年，兰特黎斯一举超越雀巢，凭借230亿美元的营业额跃居全球奶业20强企业第一位。

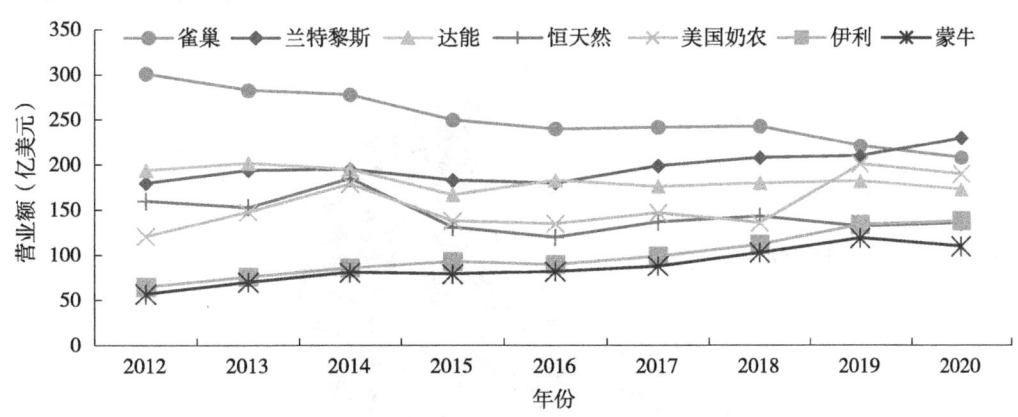

图7　2012—2020年全球主要乳品企业营业额
（数据来源：荷兰合作银行）

1.4.2 销售市场以欧洲为主

2019年兰特黎斯在世界各地区营业额占比如图8所示，其中欧洲是兰特黎斯最重要的消费市场，58%的营业额来自欧洲；其次为美洲，占比21%；来自大洋洲和亚洲的营业额之和占比为14%，来自非洲的营业额占比为7%。

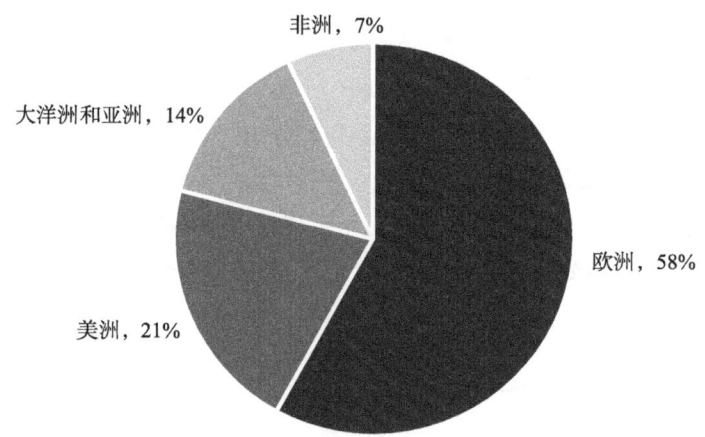

图 8 兰特黎斯营业额市场分布

（数据来源：兰特黎斯官网，https://www.lactalis.fr/en/the-group/key-figures/）

1.4.3 商品以奶酪和液态奶为主

从产品类别来看，如图 9 所示，2019 年兰特黎斯的商品结构分布，奶酪和液态奶的营业额占比较高，分别为 34% 和 25%；其后依次为酸奶和冷冻乳制品、乳制品配料和奶粉，占比均为 12%；黄油和奶油占比 10%；其他乳制品（营养品等）占比 6%。

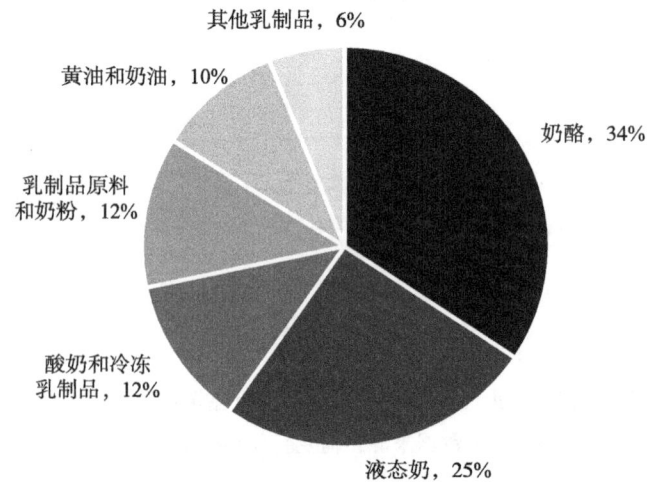

图 9 兰特黎斯各类乳制品营业额占比

（数据来源：兰特黎斯官网，https://www.lactalis.fr/en/the-group/key-figures/）

2 公司经营策略

兰特黎斯以长期的、可持续的外部增长业务为发展目标，通过对生产、营销和人力投资，并购了多家价值相近的乳品企业，实现新模式的增长。兰特黎斯紧抓超市经营模式兴起的机遇，在当地企业原有的销售规模基础上，继续扩大乳制品的销售。

2.1 以母国为中心，并购同业企业，由近及远扩大国际市场范围

从并购企业的地区分布特点来看，兰特黎斯以法国市场为中心点，逐渐向周围的欧洲国家开拓市场份额，并一路向亚洲方向延伸乳制品市场，详见表2。具体特点表现为：一是不断稳固和扩大母国市场。1978—1992年，兰特黎斯主要并购法国本土同业企业，既扩大了牛奶收购区又扩大了消费者市场，稳固了在法国本土乳品企业的地位。为符合市场需求，2007年又收购了西莉亚玛雅公司，成功进入了法国婴幼儿营养市场。2016年为了遵守对原产地保护的承诺，在法国建造了 Graindorge 奶酪制造厂。二是进军、巩固和扩大母国以外的欧洲市场。1998年兰特黎斯收购意大利第三大奶酪品牌——马苏里拉，标志着成功进军法国以外的欧洲市场。其后在2004—2012年，兰特黎斯又在波兰、意大利、瑞士、克罗地亚和瑞典5个国家继续收购乳制品公司，巩固了其在欧洲市场的地位。三是进军欧洲以外的中东市场。2005年兰特黎斯与埃及签署了第二项特许经营协议，同年在阿拉伯收购了 UFIC 公司，实现了在中东市场的急速发展。四是进军亚洲市场。2014年兰特黎斯收购印度的 Tirumala 公司标志着其在亚洲市场迈出新的一步；2017年收购了中国江苏太子乳业有限公司，推动了其在中国的本地化生产经营，为进一步拓展中国市场提供了有力支持。五是巩固在美洲的业务市场。2019年该公司收购了巴西最大乳品企业之一的 Itambe 公司，此次收购让巴西成为其在全球第五大业务市场，仅次于法国、意大利、加拿大和美国。2018年兰特黎斯收购了美国全球冰岛式酸奶领导品牌 siggi's，开拓了其在美国的酸奶市场。2020年该公司以32亿美元收购卡夫亨氏公司在美国的天然奶酪业务，此次收购后，美国成为该公司继法国后的全球第二大市场。

2.2 以区域和企业品牌为背书，创新发展产品品牌，扩大国际市场

兰特黎斯品牌发展战略是以投资国的区域品牌和具有全球竞争力的企业品牌为背书，根据市场需求，不断创新产品品牌，扩大国内外市场份额。一是区域品牌为背书。2014年兰特黎斯以印度东南部的 Tirumala 区域品牌为背书，以母子品牌模式，销售兰

表 2 兰特黎斯并购企业情况

年份	被并购企业	被并购企业所在国家	被收购产品或品牌	对兰特黎斯业务的积极影响
1978	莱佩特公司	法国	卡芒贝尔奶酪	巩固了在法国奶酪市场的地位
1980	Attalait 公司	法国	山羊奶酪	扩大奶收购区，开拓了山羊奶市场
1990	佩乐公司	法国	佩乐品牌	扩大消费者市场
1992		法国	罗克福特奶酪	加强了在原产地保护市场上的地位
1998		意大利	Locatelli 马苏里拉奶酪	成功进军意大利奶酪市场
2002		俄罗斯		奶酪生产基地，提高了其在东欧市场占有额
2002	CEMA 农业食品公司	法国	Primevère 品牌	继续在法国扩张基地，将 Primevère 作为植物脂肪参考品牌
2004	FoodMaster International	哈萨克斯坦、乌克兰和摩尔多瓦		巩固了其在欧洲大陆的地位
2004	黑罗合作社制造公司（Twarog）	波兰		巩固了其在欧洲大陆的地位
2005	Cademartori 公司	意大利	Lombard（伦巴第）奶酪	加强了在中东地区奶酪市场的发展
2005	UFIC 公司	阿拉伯		
2006	Galbani 公司	意大利		成为意大利奶酪市场的领导者
2006	建立 LNCD 合资企业	瑞士	Lactalis Nestlé 冰鲜产品	重振欧洲乳品品牌，成为世界第三大乳制品公司
2007	Dukat	克罗地亚		在东南欧稳固地建立了自己的地位
2007	西莉亚玛雅集团	法国	现代、创意和高品质的形象儿童营养产品（Chaussée aux Moines 奶酪、Le Marin 黄油、Picot 儿童牛奶）	成功进军婴幼儿营养市场
2011	帕玛拉特集团	意大利	酸奶	成为世界饮用牛奶领域的领先者
2012	Skånemejerier 公司	瑞典	饮用牛奶	扩大饮用牛奶市场份额
2014	Tirumala 公司	印度	区域品牌	标志着其在亚洲市场迈出了新的一步
2014	Harvey Fresh 公司	澳大利亚	饮用牛奶	加强了在澳大利亚地区的发展
2015	Ak Gida 乳业公司	土耳其		迈出了进军土耳其市场的第一步
2016	Graindorge 奶酪制造厂	法国	奶酪	符合其对原产地保护奶酪的承诺
2017	江苏太子乳业有限公司	中国	新鲜奶源	用以制造马苏里拉奶酪、酸奶油等新鲜乳制品
2017	达能	美国	Stonyfield	获得了一个在美国发展的理想平台
2018	全球冰岛式酸奶领导品牌	美国	siggi's 酸奶	进一步开拓了在美国酸奶市场中的发展前景
2019	Itambe	巴西	零售消费品牌	天然成分和低糖的核心价值，巴西成为兰特黎斯第五大业务市场
2020	卡夫亨氏集团	美国	Crack Barrel、Breakstone's 等品牌的天然奶酪	美国成为该公司继法国后的第二大市场

特黎斯品牌乳产品，扩大印度东南部市场。二是全球竞争力的企业品牌为背书。兰特黎斯在"总统"品牌的品质保证为背书，分别于1969年和1980年创新发展利乐砖包装的牛奶"LAIT 2000"和椭圆形黄油塑料包装。利乐包的创新发展深刻影响了法国人的消费习惯；黄油包装的创新，不仅保证了黄油的口感，又带来了储存的便利性，成功进军美国当地的乳制品市场。以意大利第一乳制品品牌格巴尼（Galbani）品牌为背书，使兰特黎斯的奶酪畅销全球141个国家。以全球冰岛式酸奶领导品牌siggi's为背书，进一步开拓了该公司在美国的酸奶市场。同时，siggi's的天然成分和低糖的核心价值与兰特黎斯要发展的有机健康食品理念不谋而合，在全球消费者都更加关注健康食品的大环境下，增加了其有机食品的市场份额。凭着西莉亚玛雅公司儿童营养品的市场竞争优势，在儿童牛奶产品中开发了Picot品牌。2011年以来兰特黎斯与帕玛拉特合作，为帕玛拉特品牌提高先进设备和技术支持，提升帕玛拉特市场竞争力。通过巴西最大乳品企业之一Itambe公司品牌，兰特黎斯提升了在巴西市场的竞争力。2020年兰特黎斯以卡夫亨氏Kraft Heinz的Kraft、Crack Barrel和Breakstone's等品牌的天然奶酪业务优势为背书，扩大美国市场份额。

3 可持续发展战略

3.1 保障食品安全可溯

3.1.1 制定章程，保证产品可追溯性

早在1999年，兰特黎斯通过其《良好饲养规范章程》，组织牧场采取安全可靠、高质量和高标准的生产方式。除了技术人员提供的一系列技术扶持和咨询服务外，兰特黎斯还鼓励牧场采用最佳生产和竞争力标准收集牛奶。这一做法为消费者提供了生产条件安全和产品可追溯性方面的保障。

3.1.2 技术人员协助奶农生产，确保产品生产健康安全

兰特黎斯中有50名以上的技术人员和销售人员深入牧场，向奶农提供咨询和技术援助，明确牛奶采集条件：具体地理区域、生产周期、动物饲养条件、当地品种使用、奶牛饲料成分，以保证其加工和销售的牛奶和乳制品达到卫生标准、质量稳定。技术人员和销售人员扎根乡村的做法，确保奶农更加关注生鲜乳质量、尊重环境和动物福利。

3.2 采取绿色生产养殖方式

3.2.1 多种方式并进，减少碳排放

兰特黎斯近十多年来一直致力于减少乳制品生产碳排放。兰特黎斯技术人员对奶牛饲料成分进行优化，减少饲料配比中大豆占比，增加饲料中草、亚麻、三叶草、豌豆、菜豆等的含量。饲料配比的变化使得该公司自南美地区的大豆进口减少约 500 吨，相当于增加了 250 公顷亚马逊森林的种植面积，保护了植物作物的生物多样性，同时减少了奶牛新陈代谢中 200 吨的二氧化碳排放量。从 2000 年到 2010 年，兰特黎斯化肥采购量减少 50%，且近年来每年按计划不断减少。兰特黎斯还采取农产品包装物回收再利用措施，使得二氧化碳排放量每年减少近 750 吨。

2020 年兰特黎斯与西班牙 Engie 公司签署为期 9 年的可再生能源购买协议，由 Engie 公司向兰特黎斯在西班牙的工厂提供可再生能源。根据协议，兰特黎斯在西班牙各地的工厂、仓库和办公室将使用可再生电力，使其二氧化碳排放量每年减少 26 950 吨，相当于一年内消除 1.1 万辆以上的汽车尾气排放量。

3.2.2 面向牧场设定标准，实现奶牛养殖环节环保节能

兰特黎斯从 1993 年开始就支持奶农向有机农业进行过渡，邀请奶农实施《未来之路》环保计划，倡导遵循正确的养殖方式，维护动物权益，保护环境，降低温室效应影响。兰特黎斯也邀请牧场加入"洁净喂养"计划，为奶牛提供以青草为基础的清洁膳食，保证牧场散养，保护生物多样性。在过去 10 年间，奶农使用的化肥减少 50%、甲烷排放减少 2.6%、消耗能源减少 23%、每年二氧化碳排放量减少 2 000 吨。

兰特黎斯制定《良好饲养规范章程》，该章程的内容不仅包括尊重促进动物福利的良好牧场操作的标准，还包括环境保护的具体标准（如污水储存标准、施肥记录细则、药物治疗登记细则）和限制温室气体排放（如废气处理设施）。此外，兰特黎斯还与牧场一起开发牲畜养殖建筑物的节能方法，包括限制气体排放、安装牛奶预冷设备、废物回收系统等，以达到节约能源的目的。

4 与奶农的利益联结机制

4.1 合作模式

兰特黎斯与奶农的合作模式主要有两种，分别为"公司＋合作社＋农户"和"公司＋农户"模式。

4.1.1 "公司+合作社+农户"模式

在向兰特黎斯提供原料奶的奶农中，有 50% 的奶农与合作社签订协议，合作社从奶农处收购原料奶并销售给兰特黎斯，形成"公司+合作社+农户"模式。合作社每年代表奶农与兰特黎斯谈判原料奶的销售价格，并保证奶农的合理利润。各奶农即合作社成员，在合作社中的地位平等，具体体现在三方面，一是所有合作社成员，不论其经营规模和交奶量，在成员代表大会上具有一人一票的平等权利；二是强化合作社的互助精神，对所有的成员，不论其距离远近，都收取相同的原料奶运输费用；三是坚持以奶农与合作社的交易额为基数进行分红的原则，虽然合作社分红的依据有成员交奶数量和入股金两种，但是由于入股金也是按成员入社当年纯收入的 10% 缴纳，所以实际都是按与合作社的交易额返还。

4.1.2 "公司+农户"模式

50% 的奶农直接与兰特黎斯签订协议，形成"公司+农户"的模式。这种模式有效地保证了奶源品质和稳定性。截至 2018 年，兰特黎斯已与 500 个农场成为有机牛奶合作伙伴，采集了 1.5 亿升有机牛奶，同时还有 99% 的农场主签署了"未来之路"环保计划，减少了 2.6% 的甲烷排放。通过直接与奶农签订供奶合同，不设中间组织，既保障了奶源安全，又提升奶农收益和自由度。公司直接与规模较大（大约 70 头成母牛）的牧场签订合同，相比于"公司+合作社+农户"利益联结机制，一方面公司可以直接监管各个牧场的原料奶质量，降低了奶源不安全风险；另一方面由于不设中间组织，奶农不用把收益的一部分交中间组织作为管理费，从而提高收益。此外，奶农与乳品企业直接合作，合同期满后"来去"相对自由。但这种合作模式对于单个奶农来讲，力量较薄弱，一旦与公司出现价格矛盾，谈判上不占优势。

4.2 生鲜乳定价机制

为奶农提供具有竞争力的奶价，建立紧密的合作关系。兰特黎斯在每年 2、3 月与奶农签订购奶合同，并商定本年度供奶量和奶价，合同期一般为 5 年。虽欧盟已取消配额制度，但从终端市场需求考虑，该公司通常限制牧场生产规模；奶价是由兰特黎斯根据市场价格，与合作社、奶农协商后制定，每月调整一次，并根据体细胞数、菌落总数、乳脂、乳蛋白等指标按照优质优价原则确定，设定的价格一般都会高于合作社（有加工能力的合作社）的收购价格。根据国家奶牛产业技术体系产业经济研究室对兰特黎斯营销经理的调研，该公司每升原料奶收购价格比索地雅公司高出 1 分钱（欧元），约相当于 0.08 元人民币。

4.3　奶款结算方式

奶款采取月结方式，保证牧场正常资金流动。兰特黎斯每月都会将奶款直接打入奶农账户，保障牧场及时购买生产资料和应对未知风险，保证牧场正常运行。对于有贷款的牧场及时结算奶款意义更大，防止了牧场由于逾期付款而带来的经济压力。

4.4　提供专业技术服务

建立专业技术队伍为牧场提供技术服务。为保障原料奶的质量和全年的稳定供应，以及动物福利的落实，公司建立了专业技术队伍，专门的技术人员和销售人员与当地的牛奶生产者进行一对多匹配模式的管理，每年多次深入牧场，为奶农提供畜群结构、饲养、饲料、防疫、配种等全过程服务和指导，同时通过这种专业知识的共享优化了牧场的管理。

5　对中国奶业发展的启示

5.1　以工匠精神重塑品牌，提升品牌核心竞争力

兰特黎斯重视品牌发展，重视品牌本土化，满足消费者市场需求，扩大国际市场占有率。目前国内大型乳品企业日益重视品牌塑造，品牌体系日趋完善。但仍有一些乳品企业品牌定位不够清晰，竞争力较弱。中国乳品企业需以工匠精神重塑品牌，持续推进品牌战略，提升品牌核心竞争力。第一，明确品牌定位，强化品牌核心价值，构建品牌价值体系。围绕品牌核心价值，创新乳品品类，走差异化发展道路，从而避免国内乳品企业间的恶性竞争。第二，以区域品牌、企业品牌为背书，创新产品品牌。根据进入市场的时间长短、产品层次结构、产品种类丰富程度、产品市场占有率等因素的不同，选择适合的品牌结构，协调品牌与产品，以及区域品牌、企业品牌、产品品牌之间的关系，提升品牌价值。第三，多媒体融合，拓展品牌宣传途径。在全媒体时代，品牌建设须与互联网相结合，与年轻消费群体"同频共振"，打造多元化的品牌推广平台；通过可持续的公关活动，营造良好的品牌舆论环境。

5.2 产品创新带动消费模式创新

兰特黎斯在尊重当地农产品发展特色和消费习惯的发展模式下,通过对产品的口感、外包装形状和存储方式的改良,逐步开发消费者新的消费需求,培养其消费习惯,从而达到了占据海外乳制品市场份额的目的。中国乳品企业要逐步优化乳制品产品结构,因地制宜发展巴氏杀菌乳、常温奶、酸奶等液态奶产品,适度发展干酪、乳清粉等产品。不断丰富加工种类和口味,通过乳制品的种类多元化,持续拉动国内乳制品消费规模,增加居民对乳品的喜好和黏度,促进乳品消费量的稳步增长。

5.3 严把食品安全关,打造消费者感知的食品安全

兰特黎斯重视对牧场的管理,从各个生产环节严把质量安全。中国乳品企业应始终把食品安全放在首位,打造消费者感知并信任的食品安全。从牧场、养殖场开始,严格把控奶源质量安全,加强奶源质量监管,加大力度整治兽药使用不规范、休药期管理制度执行不到位等问题;不断完善质量监督体系、准入标准及体系内审核准则,利用区块链、大数据技术,建立第三方检测数据库,实现大数据检测;采取"云溯源""云监管"方式,可视化奶源溯源,云上监督奶牛养殖、鲜奶运输、乳品生产全过程。

5.4 重视牧场设施及管理升级,实现全产业链节能环保

兰特黎斯通过牧场设定环保的养殖标准、使用可再生能源、废物回收利用等方式,致力于减少碳排放,实现环保节能。现代化牧场建设应严格秉持绿色发展理念,在为牧场的生产发展提供安全、健康、适用、高效使用空间的同时,节约资源、保护环境,使牧场成为环境友好型、资源节约型和生态观光型的绿色牧场。采用源头减量、过程控制、末端利用相结合的治理路径,建立绿色发展机制,优化区域布局,推进清洁生产,促进种养结合,形成场区"小循环"、区域"中循环"、区域间"大循环"的发展模式。

5.5 建立奶牛养殖全产业链的合理利益联结机制

在消费升级背景下,绿色、有机奶越来越受消费者青睐,也使乳品企业有很好的溢价利润。为保证绿色、有机奶源的稳定性供应,乳品企业应与奶农或牧场签订奶牛养殖业全产业链标准合同,包括饲草基地标准、种植标准、投入品标准以及奶牛养殖

过程中的饲喂、挤奶、运输和原料奶质量等全产业链标准，同时根据"养殖成本＋合理利润"原则，确定最低收购价格，保证奶农或牧场的利益，每月或季度根据市场价格变化，在最低价格基础上双方协商，确定最终价格。

5.6　建立合作社组织联盟，提高合作社服务能力，提升组织化水平

目前，我国奶农与乳品加工企之间多为"公司＋合作社＋奶农"的组织模式，但合作社对奶农带动作用和服务能力以及与乳品企业的谈判协调能力较弱，合作社及奶农在原料奶定价话语权方面仍处于较被动状态。为提高合作社服务能力，提升组织化水平，应借鉴兰特黎斯所在国——法国的经验做法，建立代表合作社和奶农利益的合作社组织联盟，其职能一是协调奶农与合作社之间的关系，包括制定合作社对奶农的服务范围、利益分配原则等；二是代表合作社和奶农与乳品加工企业进行谈判，包括奶牛养殖标准、原料奶质量指标标准和收购价格等。

参考文献

法国兰特黎斯公司 [EB/OL]. http: //www.ce.cn/cysc/sp/subject/2020/ryjs/zs/ 202009/04/t20200904_35674336.shtml.

兰特黎斯国际官网Lactalis International[EB/OL]. https: //www.lactalis-international.com/en/.

李竞前，王欣，郭杰，等，2020. 中国乳品消费特征及影响因素分析 [J]. 农业展望，16(4)：135-138+143.

刘长全，2020. 法国奶业组织制度与家庭牧场的发展及启示 [J]. 中国乳业 (225)：7-9.

乳业巨头兰特黎斯集团携手Engie Spain，构建全球环保产业 [EB/OL]. http: //business.china.com.cn/2020-05-28/content_41166335.html.

乳业巨头兰特黎斯将以32亿美元收购卡夫亨氏的美国天然奶酪业务 [EB/OL]. http: //business.china.com.cn/2020-09-21/content_41303772.html?f=pad.

达 能

Danone

- 总部：法国
- 成立时间：1919 年
- 企业性质：私营企业，全球性综合性食品加工企业
- 2020 年乳制品销售额：173 亿美元
- 2021 年"全球奶业 20 强企业"排行榜：No.4

> 达能（Danone）集团总部设于法国巴黎，位列世界500强，业务遍及全球120多个市场，拥有超过10万名员工，是一个业务极为多元化的跨国食品公司。作为一家知名的跨国食品饮料公司，达能在基础乳制品和植物基产品、饮用水和饮料，以及专业特殊营养品（早期生命营养品、医疗营养品）三大业务领域，积极发展具有增长潜力的健康产品品类。2020年，按照销量划分，达能的鲜乳制品和植物基产品位列全球第一，瓶装水位列全球第三，早期生命营养品位列全球第二、成人营养品位列欧洲第一。

1 公司发展

1.1 分阶段发展历史

达能集团以公司名称命名的原始公司为西班牙巴塞罗那犹太移民 Isaac Carasso 于1919年创立的一家生产酸奶的小工厂，该品牌以他的儿子 Daniel Carasso 的昵称命名。十年后，公司从西班牙迁往邻国法国，并建立了第一家法国工厂。1967年与法国奶酪品牌 Gervais 合并，成立 Gervais Danone。

达能集团的另一个分支为1966年由 Antoine Riboud 创立的玻璃制造商 Boussois-Souchon-Neuvesel（BSN）。1972年，BSN 与 Gervais Danone 合并，成为法国最大的食品集团 BSN——达能。之后，达能逐步向欧洲扩张，面向全球化发展。2007年提出聚焦"健康食品"战略，开始剥离非食品业务，逐渐形成基础乳制品和植物基产品、饮料饮用品、早期生命营养品、医疗营养品四大业务板块。

回顾达能的百年发展历史，达能从扩张到收缩，最后聚焦健康食品业务，具体可分为5个阶段。

第一阶段从玻璃制造转向食品制造（1966—1973年）：1970年，BSN 通过收购下游客户如依云、凯旋啤酒公司、欧洲啤酒公司以及贝乐蒂进入食品制造领域。1972年与 Gervais Danone 合并，开始涉足乳制品行业。

第二阶段向欧洲扩张（1973—1990年）。集中在欧洲发展食品饮料业务，收购啤酒厂、饼干制造商、奶酪制造商 Galbanid 等，1989年成为欧洲第三大食品饮料集团。

第三阶段全球化发展（1990—1996年）。公司通过收购加强原有业务，例如通过收购 Volvic 增强了瓶装纯净水的竞争力；公司还从1991年开始在亚太、拉美、东欧等地通过收购和合资扩大市场，1994年公司更名"达能集团"。

第四阶段收缩业务（1997—2006年）。1997—2004年公司完成了玻璃制造、预制食品、啤酒、芝士、酱料、意大利面6项业务的剥离，2004年公司业务精简至鲜乳制品（含婴幼儿营养品）、饮料饮用水、饼干，2004—2006年剥离饼干业务。

第五阶段聚焦健康食品，加快全球布局（2007年至今）。通过在亚太、美洲、东欧、非洲等地区收购和建立合资公司来扩大市场。2007年，公司确立"聚焦健康食品"战略，在保留鲜乳制品、饮料饮用水、生命早期营养品三类健康食品业务的基础上，2007年收购荷兰婴幼儿食品公司Numico，增加临床营养品业务。2010年达能收购俄罗斯当地乳品企业Unimilk，进入俄罗斯市场。2012年收购Wockhardt集团的营养品业务。2013年收购摩洛哥Centrale Danone的控股权，以及该公司在Fan Milk的股权；2015年收购肯尼亚乳品企业Brookside 40%的股权，进入欧洲市场。2015年收购美国婴幼儿食品品牌禧贝。2017年，收购白波食品（White Wave），进军植物基饮料和食品，并将原有的鲜乳制品业务与白波在北美市场的业务进行整合，成立了"基础乳制品和植物基产品"业务单元（表1）。

表1 达能2000年以来交易金额超过2亿欧元的收购案例

被收购公司/业务部门	国家/地区	业务描述	收购时间	收购金额（亿欧元）
Mckesson	美国	瓶装饮用水生产销售	2000年	10
Sparkling Spring Water Holdings Ltd	加拿大	瓶装饮用水	2003年	3.69
Numico	荷兰	婴幼儿食品和奶粉	2007年	80.87
MNI	美国	医疗营养品	2010年	—
Unimilk	俄罗斯	乳制品、婴幼儿食品	2010年	—
YoCream	美国	酸奶	2010年	—
Wockhardt集团的营养品业务	印度	婴幼儿食品、医疗营养品	2011年	2.96
Happy Family	美国	婴幼儿食品	2013年	—
YoCrunch	美国	酸奶	2013年	—
Fan Milk	西非	乳制品	2013年	—
Brookside	东非	乳制品	2014年	—
雅士利	中国	婴配粉	2014年	—
BRFSA集团的乳制品业务	巴西	乳制品	2015年	6.29
Michel et Augustin	法国	乳制品、饮料	2016年	—
WhiteWave	美国	有机食品、植基牛奶及产品	2017年	125

数据来源：达能官网。

1.2 重大收购事件

公司通过大量并购拓展全球业务，对2000年以来交易额超过2亿欧元的并购案例进行统计，业务涉及乳制品、婴幼儿食品、饮用水等，分布在北美、南美、欧洲地区及印度。其中超过 10 亿欧元的案例有 3 个，交易额最大的是 2017 年 4 月完成的对 WhiteWave 公司的收购，交易额达到 125 亿欧元。Numico 食品公司和 Mckesson 饮用水公司以 80.87 亿欧元和 10 亿欧元的交易额分列第二位和第三位（表 1）。

2 在中国的发展

达能 1987 年进入中国市场，初期通过入股光明乳业、乐百氏等国内领先的食品企业开拓中国市场，2000 年先后收购娃哈哈 51% 和乐百氏 92% 的股份，并在 2001 年参股光明乳业（表 2）。到 2006 年已持有光明乳业、汇源、正广和饮用水的股份均超过

表 2 达能中国发展历程

时间	事件
1987 年	成立广州达能酸奶公司
1994 年	与光明合资建立上海酸奶及保鲜乳项目
1996 年	收购武汉东西湖啤酒过半股权；与娃哈哈成立五家合资公司，获 51% 股权；收购深圳益力食品公司过半股权
2000 年	收购乐百氏 92% 股权
2001 年	参股光明乳业
2004 年	收购梅林正广和饮用水 50% 股权
2006 年	持有光明乳业 20% 股权；持有汇源 22% 股权，成为其第二大股东；与蒙牛合资建立酸奶生产和销售企业
2007 年至今	先后推出光明、娃哈哈、汇源、正广和乐百氏
2007 年	收购妙士位于北京、上海的工厂；收购益力全部股权；收购多美
2008 年	中国达能饮料管理总部在广州成立
2010 年	纽迪希亚制药（无锡）注资达 6 500 万美元，成为达能临床营养品全球主要供应厂，纽迪希亚在中国肠内营养市场排名第一
2013 年	持有蒙牛 4% 股份，并与蒙牛合作酸奶业务
2014 年	在中国启动奶粉多品牌策略；增持蒙牛股份至 10%
2016 年	出售多美滋给雅士利；停售可瑞康，专注于诺优能、爱他美等进口品牌；剥离乐百氏业务板块
2017 年	全新进口高端水 AORAKI 极境之兰在中国率先上市
2018 年	在中国市场瘦腿茶饮天方叶谈
2019 年	益力光泉水宣布停产，仅保留大桶水业务
2020 年	投资 1.14 亿美元在中国加强专业营养品业务，并在上海开设科学研究中心，收购当地婴配粉工厂
2021 年	达能出售蒙牛 9.8% 的股份

数据来源：达能官网。

20%，并与蒙牛合作建厂。在 2007 年达能提出聚焦"健康食品"战略后，其在中国主要以独资发展为主，先后退出了光明、娃哈哈、汇源、正广和、蒙牛等合作公司。

中国现已成为达能全球第二大市场，占其销售收入约 9%。截至 2020 年，达能在中国拥有 8 家工厂和约 8 200 名员工。达能清楚地了解中国市场的巨大潜力，并不断加强对华承诺。如今，达能的三大核心业务（专业特殊营养品、饮用水和饮料、基础乳制品和植物基产品）均在中国获得了长足的发展，并拥有众多知名品牌，如爱他美、诺优能、牛栏牌、可瑞康、纽迪希亚、脉动、依云、alpro 和碧悠等。

3 公司区域布局

3.1 全球布局

随着达能在全球的扩张，公司从法国拓展到欧洲，之后全球化扩张，拓展到亚太、美洲、东欧等地区。2001 年达能非欧洲地区的销售额仅有 37%，到 2013 年之后则达到 61%，之后一直稳定在此水平。2010—2020 年，前十大销售市场占公司总销售额的比例从 66% 增长至 69%，增长了 3 个百分点。但前五大销售市场的占比则由 2010 年的 43% 增长至 2010 年的 51%，增长了 8 个百分点。主要是由美国和中国的市场份额大幅增长所致。从 2015 年开始，美国一直是达能的第一大销售市场。中国在 2018 年成为达能的第二大销售市场，2020 年由于受新冠肺炎疫情影响，婴配粉通过跨境渠道在中国的销售大幅下降，特别是在下半年，第三季度同比下降了 60%，第四季度同比下降了 45%，达能在中国的销售额与法国持平，并列第二（表 3）。

表 3　2010—2020 年达能销售额排名前十的地区销售额占比　　　　　　　　单位：%

国家	2010 年	2013 年	2015 年	2016 年	2017 年	2018 年	2019 年	2020 年
美国	8	8	11	11	18	20	19	21
中国	4	7	7	7	7	9	10	9
法国	11	10	10	10	9	9	9	9
印度尼西亚	5	6	6	6	5	5	6	6
俄罗斯	11	11	7	7	7	6	6	6
英国	5	5	6	5	5	5	5	5
墨西哥	5	5	5	5	4	4	5	4
西班牙	8	5	5	5	4	4	4	4
德国	5		4	4	4	3	3	3
波兰							2	2
阿根廷	4	5	6	4				
巴西		4			4	3		

数据来源：达能历年年报。

3.2 业务布局

公司最初主要生产酸奶，通过并购，公司业务拓展为基础乳制品和植物基产品、饮用水和饮料及专业特殊营养品（包括婴配粉所在的生命早期营养品及医学营养品）三大业务。但达能的三大业务在欧洲、北美及拉丁美洲已全面开花，亚太地区的中国和印尼主要依靠饮料饮用水及特殊营养品，非洲和中东地区的摩洛哥和土耳其主要依靠基本乳制品及植基产品和特殊营养品。

2010—2020年，基本乳制品及植物基产品是达能的核心业务，但在2010—2016年，传统的乳制品业务占比从57.2%下降至48.9%，后因收购WhiteWave公司，植物基产品营收大幅增加，使得基本乳制品及植物基产品业务占比在2017年上升至52.0%，之后几年则持续增加，2020年增至54.3%。饮用水和饮料业务占比在2015年达到高峰后（21.3%）持续下降。特殊营养品业务占比则一直呈持续上升趋势，从2010年的25.9%上升至2020年的30.5%（图1）。主要是由于特殊营养品的毛利率在20%以上，而基础乳制品和植物基产品及饮用水和饮料的毛利率约在10%左右（图2）。公司业务向毛利率更高的特殊营养品倾斜以提高盈利水平。

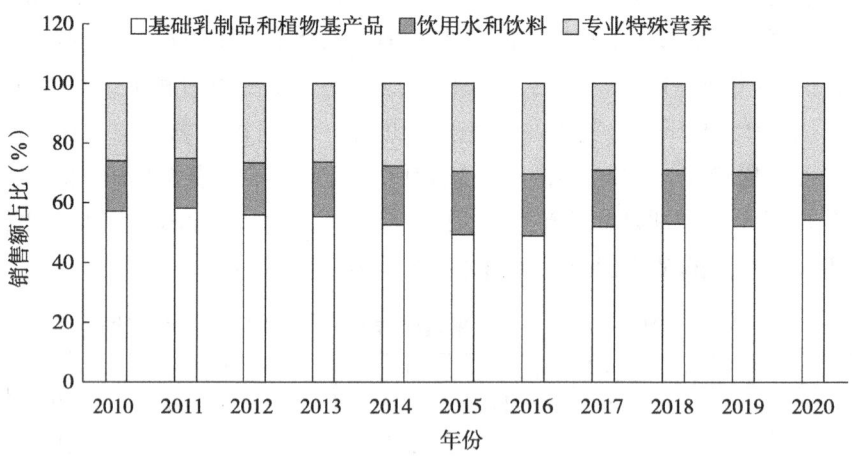

图1 2010—2020年达能主要业务板块销售情况

注：2010—2017年基础乳制品和植物基产品仅包括基础乳制品。

（数据来源：达能历年年报）

3.3 产品布局

达能的品牌组合包括国际品牌（碧悠、Actimel、Danette、Danonino、Danio、依云、Volvic、诺优能、爱他美）和地方品牌（Oikos、Prostokvashino、Aqua、Bonafont、

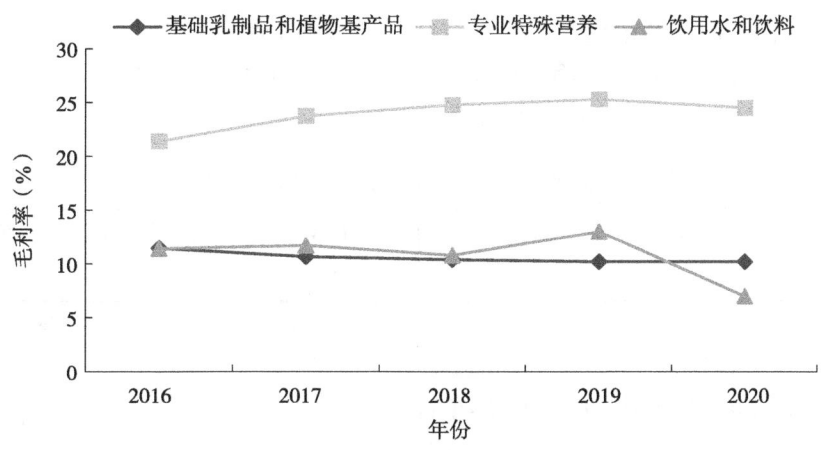

图 2　2016—2020 年达能各类产品毛利率情况
（数据来源：达能历年年报）

Mizone、Bledina、Cow & Gate）。2020 年销售额排名前三位的品牌依次是婴配粉品牌 Aptamil 爱他美、酸奶品牌 ACTIVIA 和 DANONE，各业务板块销售前三位的品牌见表 4。

表 4　达能不同业务板块销售额排名前三位的品牌

业务板块	品牌
基础乳制品和植物基产品	Activia、Danone、International Delight
饮用水和饮料	AQUA、Mizone、evian®（依云）
专业特殊营养	Aptamil（爱他美）、Nutrilon（诺优能）、SGM

4 与奶农的利益联结机制

4.1　奶农是达能主要的原料供应商

作为达能主要的食品原料，牛奶占到原料成本 60%，其价格的波动会显著影响集团的业绩。为了避免受到全球市场波动的影响，达能分布于全球的各子公司与当地合作社或牧场合作，在当地采购生鲜乳。2020 年达能共从 20 个国家的 5 万多家奶牛场通过直接或间接方式采购生鲜乳 510 万吨，欧洲收奶量最大（表 5）。5 万多家合作牧场 80% 分布在非洲和拉丁美洲，养殖规模普遍在 10 头以下，达能主要通过合作社或建立收集中心采购这些牧场的生鲜乳。在南非、欧洲和俄罗斯，与达能合作的牧场以家庭牧场为主，存栏规模在几十到几千头，这些牧场占到15%～20%，达能通常直接从牧场收集生鲜乳。在北美和一些中东国家的非传统牛奶生产区，达能与一些较大的牧场合作，以确保获得足够数量的优质牛奶。

表5　不同地区达能在当地采购生鲜乳的占比　　　　　　　　　　　　　　　　　　　单位：%

年份	欧洲	北美洲	CIS	拉丁美洲	其他地区
2020年	29	21	24	11	15

4.2　创新合同形式保证稳定合作

各运营子公司通常会与当地合作社签订购销合同，价格根据当地市场行情制定，合同期限因国家而异。从2012年开始，达能先后与美国、欧洲和俄罗斯的合作奶农签订成本效益模型（Cost Performance Model，CPM）合同。CPM合同中规定奶价的制定基于奶农的生产成本，而不是终端乳制品的价格，并考虑一定的利润，奶价不会有大幅度的波动。通过此合同，一方面可以减少牛奶价格的波动性，保障奶农收入的稳定性；另一方面有助于与奶农建立长期合作伙伴关系，保障公司牛奶长期可持续供应。合同周期一般为3～5年，获得稳定收益的奶农，基于长期合同奶农更愿意为牧场发展进行再投资。与达能签订CPM合同的牧场不断增多，从2017年的19%增加至2020年的29%（表6）。

表6　CPM合同覆盖合作牧场比例　　　　　　　　　　　　　　　　　　　　　　　　单位：%

国家/地区	2017年	2018年	2019年	2020年
欧洲			41	43
美国			53	55
欧洲+美国	40	43		
总计	19	24	28	29

4.3　减少碳足迹实现可持续发展

达能的产品在很大程度上依赖于自然生态系统，因此，达能将保护环境作为集团业务活动的一个组成部分，并定期制定碳减排目标，如在2008年制定碳减排目标，与2012年相比，碳减排30%，2012年实际结果显示，在5年的时间里碳减排35.6%。而牛奶是集团碳足迹（每千克销售产品中CO_2的质量）的重要组成部分。为减少牛奶生产过程中的碳足迹，必须注意食物的选择，以及土壤和水的使用。为了达到这一目的，达能引入了 FaRMS，农场关系管理这一工具。这是 1997 年，由基础乳制品和植物基产品部与其合作牧场共同发起的一项倡议，目的是在于评估向达能供应生鲜乳牧场的表现。评估的重点由最初的质量、食品安全和可追溯性，扩大到后来的经济、劳工和环境等方面。具体则是达能的技术人员通过定期走访牧场，按照既定的标准，评估牧场在这些方面的表现，并与牧场一起制定改进计划。

2018 年达能提出到 2050 年其整个产业链实现碳中和的目标，为实现这一目标，先后推出专业化的评估工具，如动物福利、温室气体排放、水消耗，FaRMS 则更名为 MilQSat 专注于质量、安全和可追溯性评估。动物福利工具于 2016 年推出，先是在西班牙试运行两年之后于 2018 年在全球推广，2020 年达能对其收集的 87% 的生鲜乳进行了评估。温室气体排放评估工具包括库农场工具（Cool Farm Tool）和 Cap2Er。目前。达能在法国的所有子公司使用法国畜牧研究所开发的 Cap2Er 测量；其他地区则使用库农场联盟库农场工具测定，2020 年，达能公司的 14 个子公司应用了此工具。水消耗评估则是达能于 2018 年开始利用世界水资源研究所的《渡槽水风险图集》评估其价值链上的水风险，并首先从其生鲜乳供应链开始。通过该项评估识别出位于缺水地区的牧场或收集中心，并提出解决方案。

5 对中国发展的启示

5.1 大力发展特殊营养品

达能的特殊营养品业务包括生命 1 000 天婴幼儿配方食品、婴幼儿辅食产品、特殊医学营养食品，通过大力发展这些特殊营养品，达能营业收入持续增长。国内乳品企业在婴幼儿配方食品方面取得了长足的进步，尼尔森数据显示，国产婴配粉市场占有率由 2017 年的 40.7% 增长至 2020 年的 54%。但婴幼儿辅食产品及特殊医学营养食品应以外资品牌为主，特殊医学用途配方食品在国内市场 90% 以上的份额被几家跨国公司垄断（索思卓等，2016）。面对强大的国内市场，国内乳品企业应加强特殊医学用途配方食品的基础研发，积极同相关科研机构、医务工作者、患者协会、消费者团体合作，开发出满足市场需求的特殊医学用途配方食品。

5.2 创新购销合同

目前国内乳品企业主要依据市场行情及供需情况制定生鲜乳购销价格，价格波动明显，不利于稳定奶源的获得，也不利于奶农的可持续发展。建议借鉴达能的经验，在奶业主产区试点 CPM 合同，针对长期合作的奶农，基于生产成本，而不是终端乳制品的价格，并考虑一定的利润制定生鲜乳价格，让奶农获得稳定的收益。

5.3　从整个产业链上减少碳足迹

《中华人民共和国国民经济和社会发展第十四个五年规划和 2035 年远景目标纲要》明确在 2030 年前碳排放达峰，2060 年实现碳中和的目标。根据 AgResearch 分析的全球主要牛奶生产国的碳足迹数据（每千克牛奶排放二氧化碳当量）来看，新西兰排放水平最低，为 0.77 千克，其次是乌拉圭 0.84 千克，葡萄牙 0.86 千克，丹麦 0.9 千克，瑞典 1 千克，中国为 1.68 千克（图 3），中国与这些国家相比，还有很大差距。乳品企业应践行企业责任，参照达能经验，制定碳减排 5 年目标，从种植、养殖、加工、包装和销售等环节明确具体的减排措施。

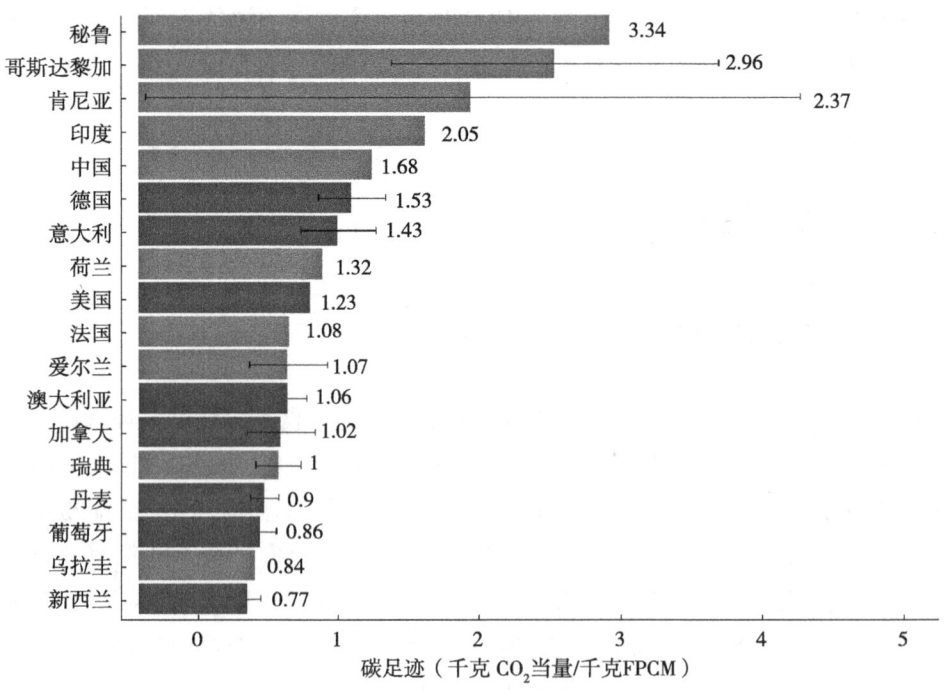

注：FPCM 为脂肪和蛋白校正乳。

图 3　不同国家奶业生产的碳足迹

（数据来源：Mazzetto 等，2020）

················ 达能（Danone）

参考文献

索思卓，胡豪，王一涛，2016. 特殊医学用途配方食品在中国的发展概况 [J]. 中国食品卫生杂志，28(2)：182-186.

MAZZETTO A，FALCONER S, LEDGARD S, 2020. Carbon and fossil resource depletion footprints of milk production from Canterbury dairy farms [J/OL]. https: //www.nzgajournal.org.nz/index.php/rps/article/view/3482/3097.

SODIAAL

索地雅

Sodiaal

- 总部：法国
- 成立时间：1964 年
- 企业性质：合作社，区域性纯乳品企业
- 2020 年乳制品销售额：55 亿美元
- 2021 年"全球奶业 20 强企业"排行榜：No.17

> 创建于1964年的索地雅（Sodiaal）总部位于法国巴黎，目前是法国最大的乳业合作社，同时也是全球第一大脱盐乳清制造商、全球第二大酸乳制品制造商，欧洲速溶奶粉生产技术领导者，法国第一大市售牛奶品牌，第一大有机鲜奶品牌，第一大较大婴幼儿及儿童牛奶生产商，第二大黄油制品生产商，法国有机食品认证企业，全球奶业20强企业。其自有牧场和加工厂遍布法国，旗下乳制品品牌畅销欧洲，享誉世界。出于持续提高乳品质量，保障生态资源可持续性发展的目的，Sodiaal还推出了"牛奶之路"质量保障体系，其已经成为法国的一项行业通用标准，对法国乃至欧洲的乳制品行业产生了深远的影响。

1 公司发展

农业合作社一直在法国的农业领域发挥着巨大的作用，是法国社会化服务的主体和农业产业化经营的载体。目前，法国90%以上的农民至少加入一个合作社，合作社生产的牛奶市场占有率达到47%，占法国牛奶收购量的55%。Sodiaal是法国最大的乳业合作社，截至2018年，会员牧场数11 096家，2020年，收购鲜奶48亿升，占法国生鲜乳总量的20%，收购牧场遍布法国71个省份的乡村和山区；拥有70个加工厂，产品包括液态奶、酸奶、奶酪、奶粉等16个品类；营业额达到54亿欧元。

Sodiaal具有法国农业合作社的普遍特征：一是坚持自愿加入、民主管理、非资本获利和排他性的原则。二是服务内容拓展到加工、贸易和运输等领域，形成了完善的社会化服务体系。三是连接生产和销售，农民通过农业合作社以团体的力量应对日益激烈的市场竞争，并且通过议价的方式影响农产品的市场价格，维护农民利益。四是引导农民制定科学合理的农业生产决策。五是参与法国政府以及欧盟关于农业的决策和立法，维护法国农民的利益。

1.1 发展历程

20世纪30年代法国奶农合作社雏形初现。Sodiaal的发展可以简单地概括为两个阶段。一是自我发展阶段（1964—2006年）。1964年，6家区域性乳制品合作社正式决定建立一家同业公司（Sodima），以在全法国范围内销售其产品。1965年，Sodima的6家合作社成员达成一致，摒弃各自的区域性品牌，联合创建了共同的全国性品牌——

Yoplait（优诺），1969年，创建了Yoplait franchise。1971年，Sodima创建了法国领先的奶业品牌——Candia，1977年和1986年，又分别创立了奶业品牌RichesMonts（raclette）和Le Rustique。1990年，Sodima更名为Sodiaal，这时的Sodiaal已成为法国领先的乳业合作社，同时也是欧洲顶级的乳业合作社之一。更名后，Sodiaal开始进行全产业链的改革，如协调鲜奶采购业务，按产品类别重组下游业务，对生产设备进行提档升级。1994年，重组工业产品业务，成立第四家子公司——索地雅工业（Sodiaal Industrie）。1998年，Sodiaal针对加盟牧场，实施了严格的质量保证体系——牛奶之路（La Route Du Lait）。

二是扩张阶段（2007年至今）。2007年，7家区域性合作社并入了Sodiaal，公司合作社数量增加到13家，并成立了索地雅联盟（Sodiaal Union）。2011年，Sodiaal收购了法国爱特蒙联盟（Entremont Alliance，由Entremont和Unicoopa组成），从此业务范围覆盖全法国区域。2014年，Sodiaal收购3ACoop，成为欧洲第三大乳品企业。2016年，Sodiaal将发展中心从欧洲市场延伸到全球市场，并成立了索地雅国际事业部（Sodiaal International）。

1.2 组织架构

截至目前，Sodiaal由Sodiaal Union和Sodiaal International两部分组成。Sodiaal Union对Sodiaal International进行100%持股。Sodiaal Union负责制定公司的战略发展方向，从成员的利益出发，运作资本，管理公司资产，具体包括为加盟奶农提供牧场用品、冷链设备服务，负责收购生鲜乳、设定生鲜乳收购价格等，Sodiaal Union以合作社形式进行运作。2016年Sodiaal International成立，负责公司的管理控制，落实各项战略政策，具体包括协调分公司发展、为分公司提供整合服务等。

1.3 生鲜乳生产情况

牧场数量减少。截至2018年12月31日，Sodiaal的加盟牧场数为11 096家，比2017年的11 764家减少5.7%。牛奶产量提升。2018年牧场年平均产奶量为42万升，比2017年的40.2万升，提升了4.5%。表1是2018年Sodiaal各大产区的牧场数量和产量情况，以及和2017年相比的变化情况。营养指标稳定。牛奶中的乳脂含量为41克/升，乳蛋白含量为32~33克/升。细菌总数小于5万CFU/毫升，体细胞数小于30万个/毫升，丁酸菌数小于1 000 CFU/毫升。

表 1　2018 年 Sodiaal 各产区牧场数量及产量情况

产区	牧场数量（家）	同比（%）	大区总产奶量（百万升）	同比（%）	牧场平均产量（千升）
东南大区	1 820	-4.7	566	-0.50	311
中央高原大区	1 521	-4.8	395	0.00	260
东布列塔尼大区	1 529	-6.0	804	-1.10	526
西布列塔尼大区	1 521	-6.0	742	3.60	488
北大区	1 387	-4.7	720	0.50	519
西南大区	1 368	-8.7	460	-6.12	336
东中大区	1 141	-4.7	571	0.90	500
卢瓦尔大区	809	-6.1	409	-1.00	505

数据来源：索地雅官方网站。

除了奶牛场，加盟牧场也包括奶绵羊场和奶山羊场，2018 年奶绵羊场数量为 199 个，同比下降 7%，总产量 3 100 万升。2018 年奶山羊场数量为 44 个，同比下降 6%，总产量 500 万升。

除此之外，为了提高牛奶质量，满足消费者对高品质乳制品的需求，Sodiaal 大力支持加盟牧场发展有机奶事业，2016 年开始，Sodiaal 拥有有机牧场 260 个，采集有机奶 6 400 万升，占法国有机奶总量的 10%。为促进牧场进行有机奶生产的转型，推出了一系列的鼓励措施，包括可行性研究、项目落地跟进、提供专用农畜产品、改善管理等。Sodiaal 还进行牧场实地宣讲，安排转型牧场主和待转型牧场主的见面和交流，并给予转型牧场一定的经济支持，如转型期间，提供 30～50 欧元/千升的补助，以及优惠的有机牛奶收购价格等。

1.4　产品结构和营收情况

目前 Sodiaal 拥有 20 余个独资和合资企业的乳制品品牌，以进行乳制品的加工和销售，具体业务内容包括奶酪、液态奶、奶油、黄油、奶粉及乳制品配料和速冻乳制品等。表 2 为 2018 年公司各个部门的营收情况。奶酪业务是 Sodiaal 的最大业务板块，Sodiaal 一半以上的生乳资源用于奶酪生产，全世界的销售量达到 35 万吨，营业收入 17 亿欧元，在法国本国的市场占有率达到 30%，29% 的营业收入来自海外市场。液态奶、奶油、黄油业务是 Sodiaal 的第二大业务板块，2018 年，销售牛奶及奶油 18 亿升，黄油 8.5 万吨，营业收入 13 亿元，其中 13% 来自海外市场。乳制品配料业务主要包括乳清粉、脱盐乳清粉、炼乳、营养品等，其中 80% 销往海外。新鲜及速冻乳制品在

Sodiaal 业务领域里占有极其重要的地位，从成立到现在的 50 多年里，该业务板块取得了巨大的成绩，销售量达到 1.5 万吨。

表 2　2018 年 Sodiaal 公司各营业部门的营收情况

营业损益贡献	营业收入（百万欧元）	营业收入占比（%）	营业利润（百万欧元）	员工人数（人）	工厂数量（个）
奶酪	1 791	36	13	4 082	法国 41；德国 1
液态奶、奶油、黄油	1 304	26	-35	1 537	法国 7
奶粉	153	3	11	346	法国 4
乳制品配料	516	10	0	965	法国 14
新鲜及冷冻乳制品	90	2	15	481	法国 8
鲜奶生产及牧场用品	1 191	24	7	1 390	
总计	5 045	100	13	8 801	75

数据来源：2019 年度索地雅公司业务报告。

1.5　品牌情况

图 1 为 Sodiaal 的主要乳制品品牌。其中奶酪品牌 RichesMonts、CF&R、LeRustique 远销海外。Enroserum 的脱盐乳清粉全球销量第一，产品销往 80 多个国家。

Candia 目前是法国第一饮用牛奶品牌，包含 60 多种不同类型和规格的产品，如风味牛奶、维他命奶等。

自有奶粉品牌爱达力（Nactalia），由公司旗下营养品生产专家诺帝柏欧（NUTRIBIO）公司生产运营，100% 法国原罐原装生产，畅销全球多个国家，2013 年进入中国市场。

Régilait 是法国最大的商用（奶粉及炼乳）牛奶品牌，占据了法国 1/3 的产量。Nutribio 品牌主要提供差异化和多样化的产品，根据消费者的不同需求推出相应的系列营养产品。Bonilait 主要为食品工业和饲料生产提供乳基配料产品，在法国加脂干燥工艺领域具有专业领先地位。

除此之外，在新鲜及冷冻乳制品方面，Yoplait 知名度极高，是全球第二大新鲜乳制品品牌，"珍珠酸奶""Yop 系列""小机灵"等产品的生产工艺全部都是在法国研发中心完成。其通过分公司（分布在英国、爱尔兰、瑞典、加拿大等）及代理商，在五大洲、近 50 个国内生产各种优质酸奶及乳制品甜点。

图 1 Sodiaal 拥有的主要乳制品品牌
（资料来源：2019 年索地雅公司业务报告）

2 与奶农的利益联结机制

Sodiaal 管理的牧场主数量众多，覆盖的收奶范围广大，而完善的组织架构保证了牧场主的利益，及时反映了牧场主的诉求，保障了牧场主利益，大大避免了牧场主和乳品企业之间的利益纷争。

2.1 Sodiaal Union 组织框架

董事会为公司的最高领导机构，其成员由各地区牧场主代表在 Sodiaal Union 全体大会时通过民主投票选举产生。各地区牧场主代表是由所有加盟牧场主在各地区全体大会时选举产生。

目前的董事长 Damien Lacombe 自 2014 年 1 月 8 日起任董事长。董事会成员分别包括来自北方地区、中东部地区、东南部地区、中央高原地区、西南部地区、卢瓦尔河谷地区、东部列塔尼地区、西部列塔尼地区 8 个地区，总共 24 人，每个大区 3 个人，其中 1 人是大区主席。董事会成员每年都会更新 1/3。8 个大区下面还有 31 个分产区，分产区是合作社选举的基础单位，全体加盟奶农在各个分产区会议上投票选举代表参加 Sodiaal Union 全体大会（图 2）。选举采取民主制度，无论拥有 20 头奶牛还是 80 头奶牛，地处何处，每个奶农都有相同的"一人一票"的权利，可以作为候选人担任合作社内部职务，选举他们在各个区域和全国管理机构中的代表。

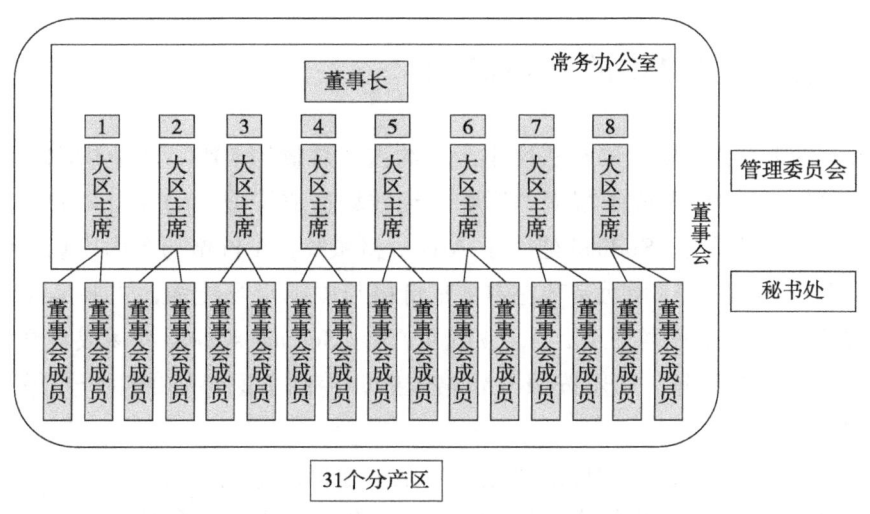

图 2　Sodiaal Union 的组织架构示意

除了董事会，公司还设有常务办公室、秘书处和管理委员会。其中常务办公室由董事会主席和 8 位大区主席组成，负责控制预算、管理生鲜乳收购合同，跟进战略合作项目，为奶农维权等。管理委员会则包括总经理和执行委员，具体负责公司的经营管理。管理委员会的总经理由公司董事会任命，目前是由 2017 年 2 月 1 日当选的 Jorge Boucas 负责 Sodiaal 的战略实施和运作管理，以及执行委员的任命。目前执行委员有 8 人，分别负责上游业务、奶酪业务、液态奶、奶油及黄油业务、乳制品原料业务、特殊营养业务、公共事务及对外关系、人力资源、运营和财务。秘书处负责合作社的日常运作及组织管理工作，向奶农及时传递信息，并负责向董事会提交调研报告和改进建议等。

2.2　Sodiaal 为奶农提供的服务

牧场主是 Sodiaal Union 的所有者，他们负责向公司提供优质鲜奶，质量符合牛奶之路质量认证体系的要求；而 Sodiaal 作为合作社公司则承诺向加盟牧场主提供协助和服务，主要包括：一是冷链设备。鲜奶的贮存是整条冷链的起点，对品质至关重要。因此公司为奶农提供了冷藏奶罐等专用设备，由合作社负责安装，并由专业的技术人员进行维护和检修。二是生鲜乳运输。公司配备冷藏运输车，统一调度、调整路线，在最大限度保证鲜奶质量的同时，降低了运输成本。三是质量检测。每一批鲜奶在奶源地以及送达加工厂时，都要进行检测，及时发现问题。四是为牧场主提供饲料等耗材。采用团体采购的方式，降低采购成本。五是培训服务。Sodiaal 成立了培训学校，负责培养青年奶农。

2.3　公司为奶农提供的利益保障

Sodiaal 的乳制品市场主要在法国本土，约占其总量的 70%。乳业供求关系的不稳定，给生鲜乳收购价格造成了很大的影响，给牧场造成了很大的冲击。为了保障牧场主的利益，2012 年开始，Sodiaal 建立了 A/B 价格系统，A 价格与国内市场挂钩，奶价也相对稳定，平均在 0.32 欧元/升左右，B 价格与国际市场挂钩，主要是以欧盟牛奶的主产国德国为参照，平均在 0.2～0.4 欧元/升。Sodiaal 对加盟牧场成员交售的生鲜乳 90% 按照 A 价格收购，10% 按照 B 价格收购，控制了原料奶的生产规模，平稳了市场的奶牛价格。

2016 年，公司又积极采取应对措施，一是坚守价格底线机制，签署了行业利益保障备忘录，保证生鲜乳收购价格维持在法国平均价格之上。二是公司进一步加强风险管理，推出保底式收购生鲜乳合同，并积极探索新的生鲜乳定价方式，于 2017 年正式运行，2018 年开始全面推行至所有加盟牧场，目前对所有牧场主的生鲜乳收购价格都相同（特定规格除外）。最为重要的是，公司制定了保障牧场主利益的收入分配原则，即将利润的 1/3 返回给奶农，1/3 用于牧场主投入的股份，1/3 用作不可分割的储备金，以备未来的发展，这种公平的价值分配有助于在 Sodiaal 全部奶源产区（包括鲜奶采集成本较高的地区）维持牛奶生产。

3　公司对法国的贡献

3.1　"牛奶之路"乳制品保障体系服务全法国

Sodiaal 的经营同世界很多单纯从事加工和销售的企业不同，从创建之初，即设计牧场的环境与草场质量的规范化管理认证、奶牛管理与农场动物福利维护、奶源质量保障控制、乳制品生产工艺研发、营养科学研究、各种乳制品产品的研发制造等，是全球最早实现乳制品全产业链运作的企业之一。至1997年，Sodiaal将30多年全产业链运作的经验进行总结，正式推出"牛奶之路"乳制品保障体系，在法国乳业第一次实现乳业从业人员管理、乳品企业科学运作指导、奶牛认证、奶牛健康管理及动物保护、环境可再生保护、奶源及制品质量监督检验、奶源保鲜运输、乳制品在途运输质量保证等方面的全产业精细化管理。仅对动物福利的要求就达30余条，如牧场平均饲养奶牛头数低，为58头，放牧时间需要长达200多天，奶牛饲料80%以上需要来自牧场本身等。

3.2 出台各种措施助力法国发展

Sodiaal积极献爱心，从事公益事业，注重动物福利和环境保护，以及注重质量安全，维护消费者权益。具体包括：一是帮扶山区牧场主。Sodiaal旗下加盟的牧场主约有3 400家位于阿韦龙、卢瓦尔、上卢瓦尔、多姆山及罗纳等山区，是法国山区牧场的最大收奶企业，Sodiaal对山区的投入极大地改善了当地因为劳动人口减少而经济萧条的状况。二是每年联盟都会捐献爱心牛奶和食物用于公益事业。三是目前Sodiaal垃圾回收利用率达到78%，废水处理再利用率达到98%，所使用的能源大部分来自清洁能源，58%来自天然气，积极参加法国农业合作社联合会的《低碳环保农场》计划，力争到2025年，将加盟牧场的温室气体排放量降低20%。

4 对中国奶业发展的启示

Sodiaal由最初的6个合作社，经过30多年的发展，成为法国最大的奶业合作社企业，知名品牌众多，产品远销国内外，现在仍焕发着勃勃生机，与其以奶农为利益主体、不断开拓创新、开发国际市场以及作为企业勇于承担社会责任不无关系，其中几点值得学习和借鉴。

4.1 多手段稳定生鲜乳收购价格

奶牛养殖场（户）是奶业的根基，根基稳，才能发展稳。Sodiaal通过建立A/B双系统价格体系、签订保底式收购生鲜乳合同和设定收奶价格底线等多手段，鼓励了奶农从事奶牛养殖业的积极性，提高了奶农的收入水平，稳定了生鲜乳收购价格。而我国奶业上下游利益联结机制不紧密的问题一直存在，乳品企业矛盾时有发生，同时，"奶荒""奶剩"也经常交替出现。因此，我国应借鉴Sodiaal的做法，因地制宜地打造出适合我国的生鲜乳收购策略以及价格调整策略，保障奶农的合理利益，稳定奶农养殖积极性。如可以参照Sodiaal制定A/B双系统价格体系，A价格全年固定，B价格随行就市，并在合同中约定A价格和B价格的交奶量比例，进而引导牧场合理调整牛群结构，获得稳定的收益。

4.2 发展过程注重集体和合作的力量

近些年，中国处在奶业振兴的关键期，而中国奶牛养殖者没有形成代表自己利益的组织，各地区之间的奶业协会等组织以及奶农没有形成联合发展之势，现有的合作社也呈现出小、散、弱的状态，没有完全发挥出自己的作用，没有话语权。而Sodiaal为法国各地区奶农主张自身利益搭建了平台，使每个地区，不论山区还是平地，不管规模大小，均享受平等待遇。此外，在发展过程中，一直走联合、合并，乃至兼并的扩张道路，以低成本、低风险、高速度的模式发展壮大。因此，我国可以借鉴Sodiaal这一做法，加强奶牛养殖者等利益共同体的联合，各地区之间加强合作，形成合力，以争取和乳品企业在定价等方面的谈判权。

参考文献

国家奶牛产业技术体系产业经济研究室课题组，2018.农民合作社可持续发展模式探析——以法国最大奶农合作社索迪雅（Sodiaal）为例[J].农村经济(5)：110-115.

李先德，孙致陆，2014.法国农业合作社发展及其对中国的启示[J].农业经济与管理(2)：32-40.

王碧宁，2018.法国乳制品合作社的运行机制与业务经营：以索地雅集团为例[J].中国合作经济评论(2)：334-351.

Savencia

- 总部：法国
- 成立时间：1956 年
- 企业性质：私营企业，区域性纯乳品企业
- 2020 年乳制品销售额：59 亿美元
- 2021 年"全球奶业 20 强企业"排行榜：No.16

法国 Savencia 成立于 1956 年，是全球少数能够生产所有不同系列奶酪的乳品加工商之一，拥有 60 多年的奶酪制作历史和顶级奶酪生产工艺。公司为独立的家族经营制企业，于 1980 年在巴黎泛欧证券交易所上市。在全球 30 个国家拥有 2.1 万名员工，销售网络遍布全球 120 个国家，净销售额达到 52 亿欧元。2020 年，公司共加工生鲜乳 48 亿升，从近 1 万个位于全球的牧场进行生鲜乳收购。在 2021 年荷兰合作银行评选的"全球奶业 20 强企业"排行榜中，Savencia 公司以销售额 55 亿美元位居全球第 16。

1 公司发展

1.1 公司发展历史

Savencia 于 1956 年在法国东部的村庄 Illoud 成立，成立之初主要生产一种独特的奶酪，与当时的其他奶酪非常不同，白色、椭圆形，中间有新鲜的奶油，蓝色包装，有着梦幻般的名字 Caprice des Dieux，译为"众神的奇想"，凭借该产品，公司一直维持很好的销售业绩。

1962—1992 年，公司在国内市场保持很好业绩的条件下，开始向国外扩张。1962 年进入西欧，在德国、比利时、瑞士和意大利建立销售公司，并在西班牙建立乳品加工厂，生产品牌为 Arias 的产品。1971 年，进入美洲市场，在美国成立销售公司，向巴西和美国销售产品。1992 年，扩展至中欧，进入波兰、捷克共和国和匈牙利的市场。2000 年，进入东欧，在斯洛伐克、乌克兰和塞尔维亚销售产品。

2003—2018 年，公司开始大量的并购业务，收购很多全球著名品牌，进一步加强品牌组合。2003 年，收购德国乳制品品牌雪绒花、Bresso、Milkana 和 Brunch，其中 Milkana（百吉福）自 20 世纪 50 年代以来一直是德国的传统品牌，是由位于德国巴伐利亚州的 Allgäu 乳制品厂生产的。2008 年，公司收购比利时品牌 Passendale。同年，与索迪亚公司 Fromageries Riches Monts 公司合作，开发了 Le Rustique、Cœur de Lion 和 RichesMonts 等品牌。2018 年，公司收购俄罗斯奶业公司 Belebey，该公司是俄罗斯压榨奶酪领导者之一，拥有品牌 Belebeevsky、Savencia，这些品牌在俄罗斯市场占有率都很高。

2013 年，公司追求差异化产品，进军羊奶产业，与 Terra Lacta 公司合作，成立 Fromageries Lescure 公司，成为法国第二大羊奶收购企业，并建立了新的乳品加工厂。

1.2 产品结构

公司的产品主要包括零售、餐饮服务和行业原料三个部分,其中零售主要为奶酪、奶油和黄油等高附加值乳制品;餐饮服务包括用于厨师制作菜品的奶油和技术黄油,以及公司开发的奶酪和奶酪酱等;行业原料是指为食品、婴配粉和制药行业提供制造原料产品。

在零售乳制品上,公司在各国的销售品牌有很大不同。在奶酪品牌上,法国拥有软熟奶酪品牌 Caprice des Dieux、Saint Albray、Le Rustique 和 Cur de Lion;蓝纹奶酪品牌 Saint Agur 和 Bresse Bleu 和 PDO Roquefort Papillon;新鲜奶酪品牌 St-Morêt、Tartare 和 Carré Frais;山羊奶酪品牌 Chavroux、Saint-Loup 和 RichesMonts raclette。德国市场的 12 个奶酪品牌中有 6 个被公司所拥有,其中 3 个为法国品牌,在法国制造,分别为 Géramont(德国奶酪市场排名第一),Saint Albray 和 Fol Epi;3 个为德国制造的本土品牌,分别为 Bresso、Milkana、Brunch。在其他欧洲国家销售的品牌主要为被公司收购的当地本土品牌,如捷克共和国的 Lucina 和 KrálSýrů,匈牙利的 Medve,俄罗斯著名品牌 Belebeevsky、Belfor Belster,以及美国的奶酪品牌 Alouette 和 Rogue Creamery,巴西小吃奶酪品牌 Polenghi 和 Polenguinho 等(表 1)。

在奶油和黄油品牌上,公司拥有法国排名第一的奶油品牌和黄油品牌 Elle 和 Vire,以及国际黄油品牌 Balade。

表 1 法国 Savencia 公司在各个国家销售的主要奶酪品牌

国家		品牌
法国	熟奶酪	Caprice des Dieux、Saint Albray、Le Rustique、Cur de Lion
	蓝纹奶酪	Saint Agur、Bresse Bleu、PDO Roquefort Papillon
	新鲜奶酪	St-Morêt、Tartare、Carré Frais
	山羊奶酪	Chavroux、Saint-Loup、RichesMonts raclette
德国	Géramont,Saint Albray,Fol Epi,Bresso、Milkana、Brunch	
捷克	Lucina,KrálSýrů	
匈牙利	Medve	
俄罗斯	Belebeevsky、Belfor Belster	
美国	Alouette,Rogue Creamery	
巴西	Polenghi,Polenguinho	

数据来源:Savencia 公司官方网站。

1.3 经营模式和策略

公司专注在欧洲和全球生产高品质、高附加值的特色奶酪,是全球少数能够生产所有不同系列奶酪的乳品加工商之一。公司针对不同国家人群对奶酪的口味和消费需求不同生产适合的产品,尽可能贴近市场。比如在法国,奶酪在休闲食品和素食菜单中占据中心位置;在意大利,奶酪是蛋白质来源,用作肉类替代品,是搭配传统意大利面和披萨饼的基本烹饪原料;在北欧和中欧,奶酪用于面包切片;在英格兰,奶酪被夹在三明治中或甜点后食用;在美国,奶酪主要用于零食,尤其是在汉堡和三明治或披萨饼中食用奶酪。

此外,公司非常重视产品质量,专门组织消费者和员工小组进行感官分析培训,然后对公司生产出的产品从外观、味道、一致性、易用性、享受性、营养价值、健康益处、保存、包装、服务和价格等多方面进行评估。而且生鲜乳的采购、生产和分销完全符合最严格的国际评估和食品安全标准。

1.4 公司经营状况

2008—2020 年,公司营业收入和净利润稳步增长,营业收入由 35.6 亿欧元提升到 51.6 亿欧元,提升了 45%。净利润由 86.5 百万欧元提升到 211.4 百万欧元,提升了 144%(图 1)。其中奶酪作为公司的重要销售产品,销售额占到总销售额的 60% 左右(图 2)。

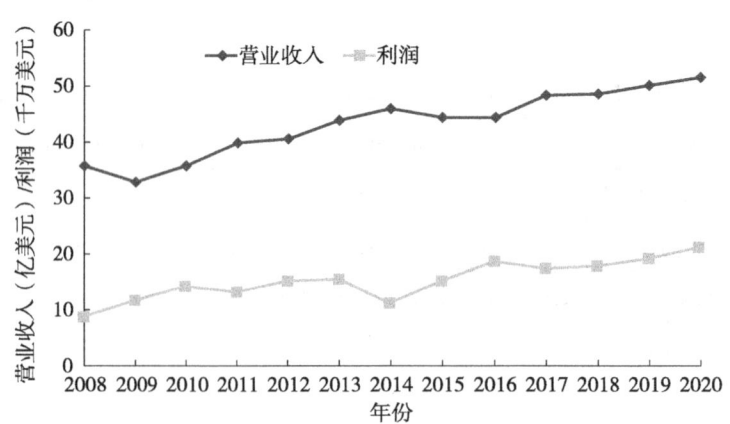

图 1 2008—2020 年 Savencia 公司营业收入、利润发展趋势
(数据来源:2008—2020 年 Savencia 企业年报)

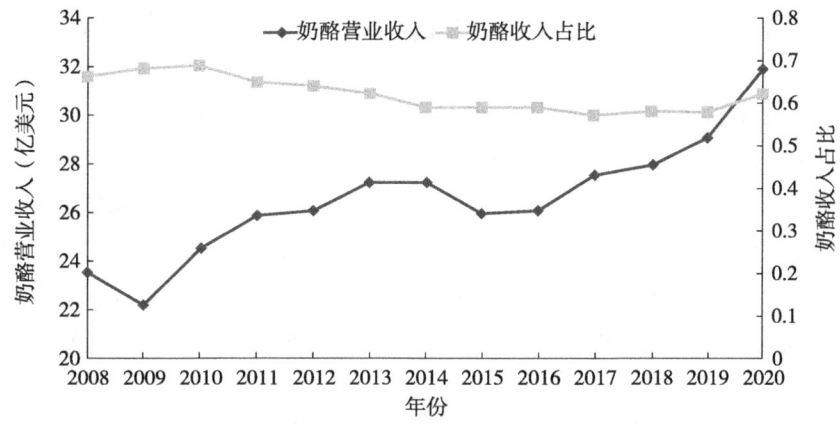

图2　2008—2020年，Savencia公司奶酪营业收入和占比发展趋势
（数据来源：2008—2020年Savencia企业年报）

2020年，公司在全球的营业收入为51.6亿欧元，其中，法国的营业收入占31.5%，欧洲（除法国）占40.3%，其他地区占28.2%（图3）。此外，根据销售方式的不同，公司直接面对消费者（B2C）的产品销售额比例为60.3%，对公司企业（B2B）的销售额比例为39.7%。

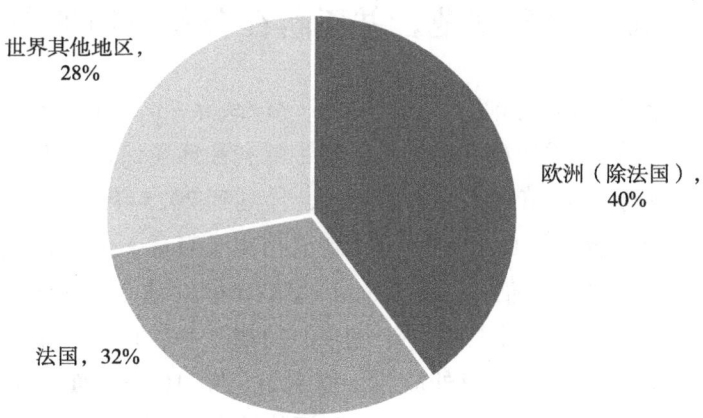

图3　2020年Savencia公司在全球销售额比例分布
（数据来源：2020年Savencia企业年报）

2　与奶农的利益联结机制

Savencia公司作为专注乳品加工的企业，一直致力于保障合作奶农的权益，与奶农建立长期稳定的合作关系。

2.1 公司与奶农合作社签订合同收奶，不接受单个牧场的生鲜乳

公司 75% 的生鲜乳由法国国内的牧场供应，法国国内奶农合作社代表奶农与公司签订收奶合同，合同内容涉及收奶价格和体量，公司则依据与合作社签订的合同到各牧场进行收奶。这种收奶方式一方面保障了奶农的利益，通过"抱团售奶"方式提升了小牧场的话语权，作为奶农利益的代表，合作社也在生鲜乳交易中时刻维护着奶农权益。另一方面有助于公司对奶农和生鲜乳质量的管控，降低了公司管理成本。但是合作社要向奶农收取一定管理费作为日常开支，管理费一定是在合理的范围内。

2.2 公司的收奶价格被称为"透明的牛奶价格"

公司的收奶价格是根据公司销售乳制品的市场指标、市场的价格构造以及生鲜乳的生产成本通过设计好的公式计算出来的，并不以奶农、合作社或者公司的主观意愿为转移，所以收奶价格更加公正、公平。当市场和生鲜乳成本发生较大变化时，奶价也会做出相应的调整。

2.3 公司设定最佳养殖规范，并不断在合作牧场推广

公司制定了《最佳养殖实践宪章》(Charter for Best Farming Practices，以下简称《宪章》)，内容涉及生鲜乳质量和养殖条件、奶牛福利和环境保护等多个方面。2019 年，公司收购的 80% 生鲜乳生产符合《宪章》要求，计划到 2025 年，合作牧场 100% 生鲜乳的生产符合《宪章》要求。此外，公司还制定相比《宪章》涉及范围更广、评估更细致的"可持续牛奶生产"评估("Sustainable Milk Production" diagnosis)，内容包括了牧场盈利水平、水资源可持续管理、碳足迹、动物福利、畜群自由采食、生物多样性、土壤肥力、奶农生活质量、户外放牧、畜群健康等 10 个方面。2019 年，公司收购的 19% 生鲜乳来自通过"可持续牛奶生产"评估的合作牧场，计划在 2025 年，50% 生鲜乳从通过该评估的牧场收集（表2）。公司的合作牧场都非常支持并主动积极改造以符合这两项标准，因为通过两项标准的创建可以提升牛奶的产量、质量，以及牧场的可持续发展水平，从而提升牧场整体效益。

表 2　2017—2019 年达到 Savencia 公司符合养殖规范标准的生鲜乳收购比例　　　单位：%

养殖规范	2017 年	2018 年	2019 年	2025 年（目标）
《最佳养殖实践宪章》	75	73	80	100
"可持续牛奶生产"评估	15	16	19	50

为帮助牧场达到标准，公司专门派出技术人员每天与牧场联系，提供相关技术服务；公司奶牛场资源经理大部分时间都会待在牧场，为牧场提供有关饲料和动物护理、加工设备的维护以及质量控制方面的专业技术服务；公司每年还聘请专业人士针对牧场的管理和奶牛福利进行多次技术培训；每两年会组织专业团队对所有合作牧场进行检查，监测牧场标准执行情况并提出合理化建议。

2.4 公司利用市场机遇，为奶农创造更多价值

近几年公司意识到羊奶和有机奶市场潜力巨大，针对涉足该产业的企业并不多的现状，提供差异化产品，在市场上售价高、销量好，提升公司收益的同时，也让牧场获得了高额利润。为此，公司通过技术和资金的支持，对有意愿改造的牧场进行改造升级，养殖奶羊或进行有机奶的生产。据统计，2019年公司采购的生鲜乳中有26%来自羊奶和有机奶。

2.5 公司注重对年轻牧场主的培养，打造与牧场紧密合作关系

由于很多法国的牧场主退休后都会将牧场交给下一代管理，而新牧场主的经验和知识相对缺乏。针对这一情况，公司在每年年初都会设立育人计划，每年计划选出160家优秀牧场，在技术、财政等方面重点给予支持，培养出优秀的"牛二代"，与公司建立长久稳定的合作关系，也为乳制品质量奠定了好基础。

3 在中国的发展

Savencia公司在中国设立西诺迪斯（Sinodis）和邦士（BSI）两家食品企业。

西诺迪斯是公司在中国的商业实体及利润中心，成立于1996年，总部位于上海，在北京、深圳、广州、成都设立了公司，并拥有大连、天津、青岛、南京、杭州、武汉、厦门、东莞和三亚等遍布400多个城市的销售网络，目前员工人数约700人。进口和分销来自14个国家60余个品牌，拥有食品、乳制品、饼房用品、糖果及零食类2 000多款产品，供应零售连锁、网上商店、四五星级酒店、餐厅、烘焙连锁和餐饮部门，并在上海、北京、广州和成都设立了四个多温度控制的配送中心。

邦士（天津）食品有限公司成立于1997年，是公司在中国投资建立的独资企业，也是国内第一家外商独资的专业奶酪生产企业。现有员工400多人，主要出品法国百

吉福奶酪，产品包括马苏里拉奶酪丝、奶酪丁产品，芝士片，奶酪调理食品，奶酪酱，奶油芝士等，共 8 大系列和 20 多个单品。

❹ 对中国奶业发展的启示

Savencia 公司是专业的乳制品加工企业，到目前为止没有养殖板块，都是与奶牛场签订鲜奶收购合同进行收奶，跟国内很多乳品企业的经营模式非常相似，所以通过研究该乳品公司的发展模式和策略，对于中国奶业的发展具有重要的借鉴意义。

4.1 建立合理定价机制，保障奶农权益

Savencia 公司执行的收奶价格被称为"透明的牛奶价格"，产品价格不由乳品企业或养殖企业决定，而是通过乳制品市场指标和生鲜乳生产成本等经过规定的公式计算出来的。而在国内，生鲜乳价格基本是由乳品企业自主决定的，在交易之中乳品企业既是"运动员"，又是"裁判员"，不能完全保证交易的公平。建议从国家层面不断完善以优质优价保证公平为核心的生鲜乳定价机制，探索适宜国内形势的生鲜乳价格形成机制，并进一步完善第三方检测机制，实现生鲜乳生产、收购与检测的相对独立，为生鲜乳优质优价的定价机制奠定良好的基础。

4.2 建立全面养殖系列规范，保障乳品质量和乳品企业管理成本

Savencia 公司制定《最佳养殖实践宪章》和"可持续牛奶生产"评估两项行业标准，内容不仅涉及牧场盈利水平、水资源可持续管理，还涉及碳足迹、动物福利、生物多样性、土壤肥力等多个方面，在合作牧场中进行广泛推广。合作牧场对此非常支持，一方面，因为生鲜乳品质高，产出的产品深受消费者喜爱而感到自豪，另一方面，高品质的生鲜乳对于牧场的可持续发展和盈利具有重要意义。虽然国内乳品企业也会设置相应的养殖场标准和规范，但是内容主要涉及基础的奶牛养殖，内容比较空泛，对于碳足迹、动物福利方面关注较少，不注重奶牛场长期可持续发展。建议乳品企业建立全面的、合理的养殖规范，并鼓励合作牧场升级改造完成达标，对于能够达标的养殖场采取一定的奖励政策，对于不达标的养殖场限期整顿，直至符合标准要求。

4.3 发展有机产品，提升乳制品销售

随着人们对环境和健康的关注，有机食品的消费需求在不断增长，在欧美等发达国家，有机食品销售额约占食品市场销售总额的10%以上，部分国家甚至高达25%。Savencia公司增加有机奶和羊奶产业丰富了公司产品种类，差异化产品也提升了乳制品价值，从而提升公司和牧场效益。在国内，有机奶产业发展比较缓慢，只有很少的几家公司涉及这部分业务，对乳品企业来说，既是挑战，也是机遇。有机奶产业是未来奶业转型升级的重要方向，建议有条件的乳品企业可以关注有机奶市场，与牧场达成一致，生产差异化产品，提升养殖和加工效益。

4.4 注重对年轻牧场主的培养

众所周知，行业接班人的培养非常重要，对于奶牛养殖更是如此。Savencia公司非常重视对合作牧场下一代牧场主的培养，拿出大量资金建立相关的培养计划。目前国内很多奶牛场负责人都已步入老年，都面临着接班问题，乳品企业帮助牧场培养"牛二代"符合双方的意愿，对于企业的未来发展具有重要意义。

4.5 向高附加值乳制品市场发力

公司主要生产和销售的乳制品为奶酪、奶油和黄油，都为高附加值乳制品，其中奶酪的销售收入占到总销售额的60%左右。但目前国内的乳制品消费仍以液态奶为主，奶酪、黄油等高附加值的乳制品消费量还很低，而且品种单一，以再制奶酪为主，鲜见天然奶酪。奶酪含有丰富的蛋白质、钙、脂肪、磷和维生素等营养成分，被誉为乳品中的"黄金"。乳品企业应该加强对奶酪、黄油等高附加值乳制品的创新研发力度，生产出更加符合中国人口味的高附加值乳制品，丰富国内乳品市场产品种类。

参考文献

霍晓娜，于潇萌，2013. 中国有机奶市场现状及发展趋势 [J]. 中国奶牛 (16): 1-4.

刘利清，2014. 奶酪的营养价值及发展现状 [J]. 农产品加工 (2): 42-43.

张爱国，肖兴基，2007. 中国有机奶发展的实践与思考 [J]. 中国乳业 (5): 54-58.

荷兰皇家菲仕兰

FrieslandCampina

- 总部：荷兰
- 成立时间：2008 年
- 企业性质：合作社，全球性纯乳品企业
- 2020 年乳制品销售额：127 亿美元
- 2021 年"全球奶业 20 强企业"排行榜：No.7

> 荷兰皇家菲仕兰坎皮纳乳业公司成立于1871年，是荷兰唯一获得皇家称号的乳品企业，是世界最大的合作乳制品公司之一，拥有荷兰近80%的牧场。2020年全年销售额达111.40亿欧元，会员牧场有11 100人，在2021年荷兰合作银行评选出的"全球奶业20强企业"排行榜中居第7位。

1 公司发展

1.1 公司发展历史

1871年，在荷兰的Wieringeraard小镇，9位农场主接管了一家奶酪工厂。1880年，第一家合作乳品企业成立，这就是日后的坎皮纳。1886年，6位农场主创建了第一家合作制乳品企业，也就是日后的菲仕兰。1947年，开创坎皮纳品牌。1997年，荷兰北部与东部的四大奶厂合作组织合并Friesland Coberco，也就是后来的菲仕兰食品公司。2001年，坎皮纳与德国科隆MilchwerkeKöln/Wuppertal，以及比利时安特卫普地区的De Verbroedering两大奶厂合作组织合并，成立坎皮纳国际。2004，菲仕兰食品公司在成立125周年之际荣获荷兰皇家荣誉称号，成为荷兰唯一获得皇家称号的乳品公司。2008，菲仕兰食品与坎皮纳国际合并，成立荷兰皇家菲仕兰坎皮纳公司（以下简称菲仕兰）。

菲仕兰如今已成为荷兰乳业和食品业的旗帜，在国际上享有很高的知名度和美誉度。该公司的牧场和鲜奶产量占荷兰全国的80%左右，长期以来致力于开发、创新"Grass to Glass"（从牧场到餐桌）的全产业链质量体系。20世纪80年代以前，菲仕兰公司关注的重点是牛奶成分，主要检测乳蛋白等理化指标；90年代菲仕兰公司开始关注牛奶的质量安全，开始检测牛奶中的抗生素残留、体细胞数和细菌数；2000年菲仕兰公司开始关注过程安全和品质，要求有生产标准、卫生标准、建筑物标准等。当前则提出可持续发展观，即在前面提到的食品安全和品质要求的基础上，增加环境保护、动物福利、药品使用控制等。该理念在实践中体现为Foqus星球计划，聚焦乳制品安全和质量，以及可持续生产。

1.2 在中国的发展

早在20世纪90年代，菲仕兰旗下美素佳儿婴配粉就已进入中国市场，由菲仕兰中国工厂生产的"Dutch Lady 子母"婴配粉也于2016年上市。除了消费者市场，菲仕兰也在下游企业的 B2B 式原料供应上发力，对中国食品和婴配粉生产商销售乳品原料，并在餐饮渠道经营和销售黑白淡奶、黑白纯牛奶、奶酪、黄油等产品。为了加深与中国有关方面的合作，2013 年 11 月，菲仕兰与中国农业大学、荷兰瓦赫宁根大学及研究中心共同筹建了中荷奶业发展中心，旨在分享荷兰奶业全产业链发展经验，推动中国奶业全产业链建设。为了全面进军中国市场，整合供应链资源，2014 年菲仕兰正式宣布合资成立菲仕兰辉山乳业有限公司，在中国运营完全垂直整合的婴配粉供应链。2018 年 2 月 14 日，菲仕兰向辉山乳业收购了中国辉山乳业投资（香港）有限公司 50% 的股权，通过这笔交易，菲仕兰 100% 拥有了菲仕兰辉山乳业的所有权。

1.3 公司布局

1.3.1 区域布局

菲仕兰在 38 个国家设有分支机构。其产品通过销售办事处，合作伙伴和分销商遍及 100 多个国家。其中，欧洲市场的份额最高，2019 年营业收入达到 58.2 亿欧元，员工人数达到 13 624 人。除欧洲外，亚洲和大洋洲市场的营收份额最大，2019 年营业收入达到 37.2 亿欧元。美洲市场的营收较小，2019 年仅为 4.4 亿欧元，员工人数只有 184 人（表 1）。

表 1 菲仕兰全球市场份额及人员布局情况

地区	欧洲	亚洲及大洋洲	非洲及中东	北美洲和南美洲
营业收入（百万欧元）	5 821	3 722	1 155	442
员工数量（人）	13 624	9 015	1 054	184

1.3.2 产品布局

菲仕兰的产品按照使用频率可以大致分为"日常需要的基本营养品"和"偶尔消费的奢侈品"。菲仕兰每年的目标就是生产 70% 左右的基本营养品，30% 左右的偶尔消费的奢侈品。按照使用人群，菲仕兰的乳制品主要分为四个部分。

一是针对普通消费者的品类丰富的乳制品。如牛奶、酸奶、炼乳、乳制饮料、奶酪、黄油、奶油等。该类业务主要以 Campina、Olper's 和 Peak 等品牌经营。同时，菲仕兰也会针对面包店和厨师等专业客户，提供专供餐饮的产品。包括奶油和奶油碟，喷雾罐中的鲜奶油，黄油特色菜和以 Debic 为商标的各类高质量乳制品。

二是针对不同食品企业开发的 B2B 产品。该类产品主要是为披萨、巧克力等公司提供乳制品，根据企业的需要，调整奶酪、黄油和奶粉的乳脂、糖分、稠度等，该类产品主要在欧洲市场销售。

三是开发营养丰富的功能性成分。该类业务主要向婴幼儿营养部门、食品行业、制药行业和动物饲料行业等工业客户提供基于牛奶、奶酪乳清和蔬菜原料的天然成分。

四是为特定的消费者群体提供特殊的乳制品营养。该类产品的客户从完全依赖高质量营养素的婴幼儿到在生活中不同阶段有特定要求的成年人，不一而足，甚至为运动员提供乳制品营养。产品主要销往亚洲、欧洲、非洲和中东地区。旗下品牌包括Friso、Optimel HK、Susu Bendera 等。

1.4 公司经营状况

1.4.1 营业收入

2009—2013 年，菲仕兰的营业收入逐年递增，2013 年营业收入达到 114 亿欧元的峰值（图 1）。2014—2020 年，菲仕兰的营业收入除个别年份有所波动外，基本维持不变。2014 年后，地缘政治紧张局势导致俄罗斯为反西方制裁而抵制欧盟农产品，影响了乳制品行业。此外，在近年来经济表现出持续增长的亚洲和非洲国家，经济增速放缓，影响了乳制品消费，波及了乳制品进口。加上欧元汇率居高不下，使得菲仕兰面临着销量和市场份额的压力，尤其是在乳制饮料、奶酪和配料方面。在经历了一段时间的低牛奶价格之后，2017 年的牛奶价格与 2016 年相比上涨了 24.0%，达到每 100 千克牛奶 40.01 欧元。收入增长了 10.1%，达到了 2017 年的 121 亿欧元。2018 年至今，营业收入有所回落。

1.4.2 利润

相较于营业收入，营业利润的波动幅度更大（图 1）。2013 年菲仕兰的营业利润大幅下降，达到谷底，这主要是因为 2013 财年确认了 2 亿欧元的商誉减损。商誉减损的原因是由于持续的欧债危机，对欧洲的预期结果已下调，减值涉及部分商誉，主要与 2001 年收购前 Nutricia 公司的乳品和饮料有关。而 2017 利润的下降，是注销了中国和德国的资产以及重组成本的结果，部分原因是牛奶价格上涨以及其他原材料和包装成本的增加。

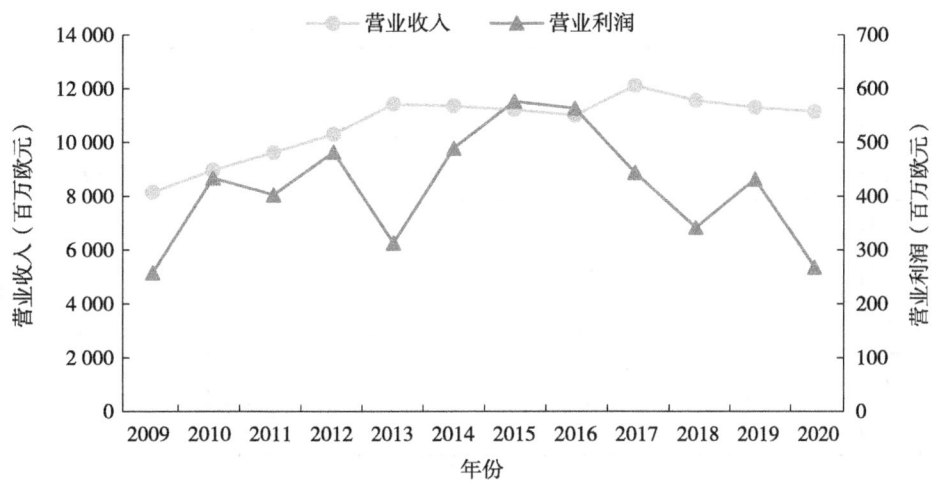

图 1　2009—2020 年菲仕兰营业收入和营业利润
（数据来源：菲仕兰年报）

2　与奶农的利益联结机制

菲仕兰所有的会员奶农都归属于菲仕兰乳业合作社，该合作社是一家名为 Royal FrieslandCampina N.V. 公司的所有者，该公司是一家乳制品加工和销售公司。这意味着所有的奶农通过合作社成为公司的所有者。

2.1　生鲜乳定价机制

菲仕兰支付给会员奶农的牛奶价格不是固定的价格，不同的奶农会收到不同的牛奶价格，这取决于牛奶的蛋白质、脂肪和乳糖含量，以及各种扣除附加费、会费和成员债券的发行情况。奶价主要包括：牛奶保证价格、草地放牧牛奶溢价、补充溢价、业绩溢价（包括现金价格）、发行的成员债券。

2.1.1　保证价格

保证价格是菲仕兰每月支付给会员奶农的每 100 千克牛奶的价格。保证价格适用于每 100 千克含有 3.57% 蛋白质、4.42% 脂肪和 4.53% 乳糖的牛奶。对于蛋白质、脂肪和乳糖的价格按照 10∶5∶1 的比率支付（表 2）。每月菲仕兰都会根据牛奶价格趋势重新估算保证价格，如图 2 所示，2021 年从 4 月开始，高于以往价格。

表2　2021年1—7月蛋白质、脂肪和乳糖价格　　　　单位：欧元/100千克

月份	蛋白质	脂肪	乳糖
1月	549.49	274.75	54.95
2月	561.53	280.76	56.15
3月	565.54	282.77	56.55
4月	577.57	288.79	57.76
5月	601.64	300.82	60.16
6月	609.66	304.83	60.97
7月	601.64	300.82	60.16

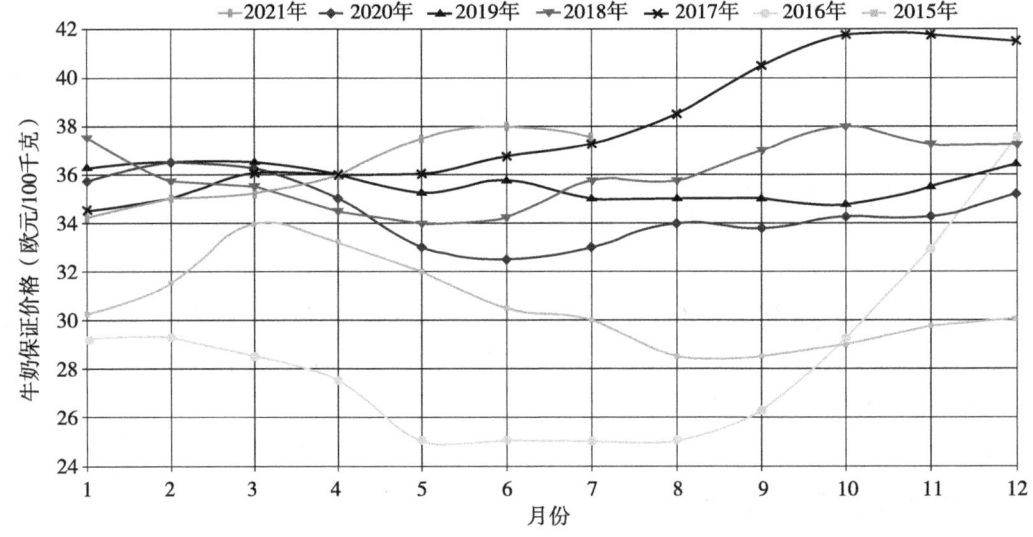

图2　2015年1月至2021年7月牛奶保证价格

（数据来源：https://www.frieslandcampina.com/our_farmers/owned_by_farmers/guaranteed_milk_price/）

2.1.2　草地放牧牛奶溢价

合作社通过再分配的方式鼓励草地放牧。为实现Foqus星球的草地放牧计划，对会员奶农收取每100千克牛奶0.25欧元的费用，之后根据奶农在Foqus星球计划上获得的积分数进行奖励。此外，为实现草地放牧饲养的计划，菲仕兰对会员奶农收取每100千克牛奶0.35欧元的费用。如果奶农全部采用草地放牧饲养，则进行每100千克牛奶0.5欧元的补偿，如果采用部分草地放牧的饲养方式，则每100千克牛奶支付0.46欧元的补偿。除了奶农先收后补的自我再分配部分，公司也会对其进行补偿，对

全部奶牛都采用一年超过120天，每天超过6小时进行放牧的奶牛场，每100千克牛奶多支付1欧元。对至少25%的牛每年至少在户外放牧120天的牧场，每100千克牛奶多支付0.46欧元。

2.1.3 补充溢价

目前，公司对四种特征的牛奶支付溢价，带有"On the way to Planet Proof"质量标签的牛奶，每100千克牛奶多支付2欧元；VLOG牧场奶，每100千克牛奶多支付1欧元；生物动力牛奶，每100千克牛奶多支付4.10欧元。

2.1.4 业绩溢价

业绩溢价（现金溢价）取决于公司的财务业绩和采用的留存收益政策。会员奶农在保证价格基础上，扣除会员债券、会员凭证的利息和参与权益的利润后，获得公司净利润的35%作为现金后续付款。现金后续付款在采用财务报表后按上一财政年度交付的牛奶价值的比例支付。

2.1.5 发行会员债券

每年，从公司的业绩（注册储备）中向会员发行会员债券。成员债券的金额取决于公司的财务业绩和采用的留存收益政策。2020—2022年，公司将在扣除会员债券利息、会员凭证和参股利润后，将净利润的10%以保价方式发放给会员奶农。会员债券按上一日历年交付的牛奶比例进行发放。会员债券的发行按上一财政年度交付的牛奶价值计算。

2.2 生鲜乳支付方式

为保障奶农收益，确保奶农获得合理且及时的收益。菲仕兰主要采用三种方式对奶农进行支付：一是中期付款，公司根据上半年的业绩和交付的牛奶量，最晚于10月1日支付，中期付款数为上半年交付的牛奶总额的75%。最终结算将根据公司的年度业绩和所交付的牛奶总量，在下一年的3月进行。二是后续现金支付，会员奶农将从公司净利润中获得35%的现金作为后续支付，于上年财报出来以后根据牛奶交付数量按比例支付。三是会员债券，在扣除了所有费用后，将10%的公司净利润发放给会员奶农，作为其会员债券的收益。但是，该债券是有风险的，公司只是有权力，但不是有义务必须发放，一旦公司经营出现风险，该项收益可能归为0。

2.3 奶农管理方式

2.3.1 提供管理机会参与公司决策

菲仕兰公司将会员奶农划分成 21 个区域，每个区域选出一个 10 人组成的委员会，代表本区域的会员奶农。21 个区的委员会选举产生合作社理事会（21 人），并在此基础上进一步选举产生合作社董事会（9 人）。与此平行的是菲仕兰的经营体制，公司设有 13 人组成的监事会，其中 9 人来自合作社董事会，其余 4 人是公司外部资深的管理人员，然后由监事会任命公司执行董事会成员，包括首席执行官等。在菲仕兰公司，5 000 万欧元以上、1 亿欧元以下的投资决策由监事会决定，超 1 亿欧元的投资决策则需通过会员股东大会决定。合作社的会员奶农享有决策权，会员资格可以继承。同时，会员必须承担相应义务，比如牛奶全部卖给公司；参与公司融资项目，必须将自己所分得的部分利润投入到公司的再发展项目中去；还要严格遵守公司规章制度。公司对于会员奶农同样有必须承担的义务，其中最重要的一项是不论会员农场生产多少牛奶，公司必须全部买进。

菲仕兰的合作社形式，实质是在公司内部构建了一个相互捆绑的共同利益机制，形成会员奶农、合作社董事会、公司管理层三方互相制约的合作机制。这一模式既稳定了奶农的收入，又保证奶农建设现代农业和持续改进的积极性。

2.3.2 实施有效奖励激励可持续生产

为了减轻环境压力，打造高效、可持续的生产链，除保护环境和持续改善动物福利外，菲仕兰还致力于实现碳排放零增长。最主要的方法是生产可持续能源，这将对减少温室气体排放做出巨大贡献。除了风能和太阳能，通过农场纯粪便发酵生产沼气是一种重要的可持续能源生产方式。

公司通过与 Jumpstart 公司合作，帮助成员奶农以有利可图的方式将粪便转化为绿色能源。帮助他们为奶牛场的单一肥料发酵罐获得融资、许可和补贴。将甲烷转化为清洁能源来减少二氧化碳排放。此外，公司还开发了一种矿物质分离器，通过创建量身定制的土壤肥料来适应循环农业。

2.3.3 采用按质论价提高生鲜乳质量

菲仕兰公司对每一批原奶都会进行测试，根据成分、安全和质量向奶农支付奶价，对能够长期稳定地供应高品质和安全牛奶的牧场，以及严格遵守 Foqus 星球计划要求的牧场给予奖励。连续 5 年供应高品质牛奶，其间所有的审核都获得积极评价的农场会被评为优等,这些农场会给予现金奖励。除奖励外,也会进行惩罚。产品质量如果出现严重的不合格,整车牛奶都要倒掉。这不仅意味着一个农户牧场3天的经营颗粒无收,还要赔偿其他两户各3天的全部牛奶产值。再加上清洗牛奶车、储运罐的花费,一个农场为一次不合格付出的代价,约为全年营业额的3%,农场全年净收入的15%。如果一年内2次达不到安全标准,合作社将拒绝收购牛奶,保险公司将拒绝为经营活动承保,农场将会破产。

3 对中国奶业发展的启示

3.1 共享式的利益联结

菲仕兰公司管理着荷兰、德国、比利时的11 100多户会员农场,公司化、流程化的管理将分散的农户打造成生产各种乳制品的"第一车间",为乳制品生产提供优质的原材料。对我国乳品企业来说,尤其是发展速度较快的中小型乳品企业,随着企业的不断扩张,建设自有牧场的需求也在增加,牧场与乳品企业之间相互协调对企业的发展至关重要。为了加强牧场与乳品企业之间的联结,可以借鉴菲仕兰的管理经验,一方面,让奶农成为乳品企业的股东,选举出奶农代表,参与公司的经营决策和生鲜乳收购价格制定。让奶农有参与感,增强其责任感。另一方面,兼顾奶农的短期和长期利益,可将90%的奶款收入支付给奶农,其余的10%等财政年度结束后,结合公司分红再进行分配。以便同时兼顾牧场和企业的发展,为二者的扩大再生产提供资金支持。

3.2 引导和扶持适当的奶牛规模饲养和专业化饲养

近年来,我国的奶牛饲养规模一直在往500头、1 000头以上规模化的方向发展,100头以下小规模的牧场无论是在养殖效益还是与乳品企业谈判的话语权方面都不容乐观,许多牧场都在生存的边缘处挣扎,甚至直接退养。事实上,小规模牧场无论是在生产经营的灵活性方面,还是疫病防控方面的有效性方面,都有其优势。菲仕兰的牧场绝大多数都是100头以下规模的,在小规模化牧场的经营方面经验丰富。对小规模化牧场可以通过鼓励其加入合作社,为其提供专业的营养配方、疾病防御、仓储物流、饲料采购、融资租赁等方面的专业服务和支持,为小规模化牧场提供一个生存和发展的机会。

3.3 可持续的生产模式

使用可持续的生产方式不仅可以减少乳制品生产过程中的消耗，生产出高品质的牛奶，同时也能降低环境污染，减少碳排放。乳品企业可以通过差别定价的方式，提高高质量奶源的收购价格，鼓励奶农生产高品质的牛奶。企业可以将其作为卖点，吸引注重质量的消费者。提高这类乳制品的价格，实现乳品企业和奶农的双赢。此外，中国承诺在 2030 年之前达到二氧化碳排放峰值，努力在 2060 年前实现碳中和，而奶牛养殖是主要的农业碳排放源，借鉴荷兰的可持续养殖经验，有利于实现碳排放目标，实现奶业的可持续发展。

联合利华

Unilever

- 总部：荷兰/英国
- 成立时间：1929年
- 企业性质：私营企业，全球性综合性食品加工企业
- 2020年乳制品销售额：66亿美元
- 2021年"全球奶业20强企业"排行榜：No.11

> 联合利华是一家跨国消费品公司，总部位于英国，主营业务包括食品与茶点、个人护理与美容、家庭护理等领域。全球员工接近15万人，产品畅销190多个国家，联合利华的宗旨是"让可持续生活成为常态"。联合利华的产品布局中，乳品占据重要的地位。在荷兰合作银行公布的2021年"全球奶业20强企业"排行榜中，联合利华居第11位，2020年全年乳品营业收入达到58亿欧元。本文基于联合利华官网资料、媒体报道和学术期刊研究等相关资料与文献探究联合利华作为乳品企业发展现状、经营战略、奶农利益联结机制等问题，并据此提出对我国乳业发展的有益启示。

1 公司发展历史

1.1 公司总体发展历史

联合利华公司是由荷兰Margarine Unie人造奶油公司和英国Lever Brothers香皂公司于1929年合并而成，总部分别设于荷兰鹿特丹和英国伦敦，分别负责食品及洗涤用品业务的经营。

20世纪30年代，联合利华非洲和拉丁美洲业务不断增长，新的企业相继成立。二战期间，由于战争地域上的分割，联合利华的结构变得更加本土独立化，更加注重当地市场的需求。在40年代，联合利华延续了食品市场扩张战略，并且获取了一些不同类型产品生产的新业务，投入资源进行新材料、新产品、新技术的研发。其中比较有代表性的，1943年收购FrostedFoods和Batchelor's，进军深度冷藏和罐头食品行业。50年代到70年代，得益于战后消费繁荣、经济发展以及对新的日用消费品和食品市场的开发，联合利华得到迅速扩张。在这期间，联合利华通过一系列收购与创新，涉及领域更加多元化。在80年代，联合利华认识到过于臃肿对于公司的负面拖累，决心更加关注具有远大市场前景的核心业务，舍弃了旗下的动物食品、包装、运输和渔业等产品线。但同时空余出的资源使得联合利华得以投资、收购更多核心业务公司和品牌，到80年代末，联合利华的核心业务得到明显增长。90年代后，联合利华仍把工作放在核心品牌上，到90年代末，联合利华将原来的50多个品牌减少到13个。从这时起，联合利华更加注重环境与可持续发展问题，在这十年里联合利华建立了一个可持续发展农业计划以减轻环境负荷和消费者对食物链的担忧。进入21世纪后，环境与可持续发展被联合利华摆在了更加重要的企业战略地位，致力于在实现自身业务发展的同时，实现自然环境和社会生活的可持续发展。

1.2 在中国发展史

联合利华在中国的历史可追溯至80年前，20世纪30年代，联合利华的前身利华兄弟在上海黄浦江畔建立了中国肥皂有限公司，其"力士"香皂、"伞"牌肥皂等产品因品质优良成为中国市场的畅销产品。新中国成立到改革开放期间，由于种种原因联合利华退出了中国市场。1986年，联合利华重返中国，成立上海利华有限公司企业继续生产"力士"香皂，使用"力士"香皂被年轻人视作"开放""时尚"的象征，受到广泛欢迎。在乳业方面，1993年联合利华旗下冰淇淋品牌和路雪正式进入中国，经过几十年的发展，该品牌已经发展成为包括梦龙、可爱多、环球珍选等系列在内的庞大冰淇淋品牌。2000年，联合利华在上海成立其全球第6个研发中心，着重产品配方的研究，以更好适应中国消费者的消费习惯。2002年，联合利华在上海建立全球采购中心。2004年联合利华在上海建设中国区总部。2011年联合利华宣布在天津空港经济区开办北方日化生产厂和食品分销中心。2020年联合利华斥资1亿欧元在太仓高新技术产业开发区建立全新生产基地，预计可新增年产冰淇淋15万吨。联合利华在中国的发展坚持本土化发展，结合品牌定位和中国的市场特点，取得中国市场的巨大成功。

2 公司布局

2.1 全球布局

联合利华在全球有14.9万名员工，分布于190多个国家或地区。据统计，每天大概有25亿人在使用联合利华的产品。联合利华财报显示，2020年联合利华全球营业收入约为510亿欧元，其中58%来自新兴市场。从近十年的营业收入及利润率变化情况来看，联合利华营业收入和利润率呈现波动上升趋势，目前营业收入稳定在500亿欧元以上，利润率保持在15%以上（图1）。分地区看，2020年亚洲等地区营业收入占比达到46%，其次是美洲等地区占比32%，欧洲地区占比22%。近十年来来自亚洲等地区等的营业收入占比正不断扩张，美洲营业收入占比基本保持稳定，而欧洲营业收入地位趋向下降（图2）。

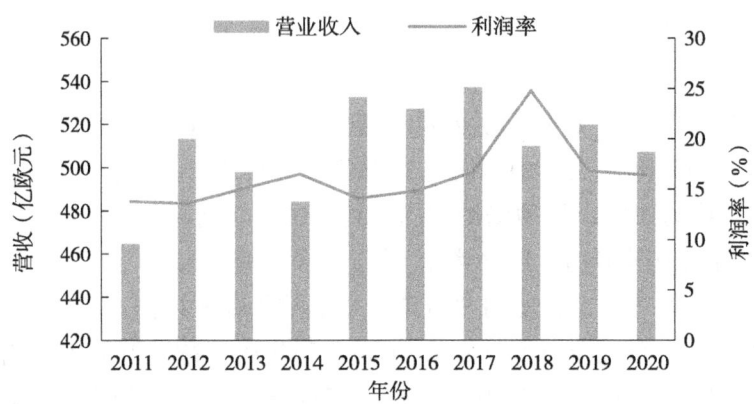

图 1　2011—2020 年联合利华营业收入及利润率
（数据来源：联合利华官网）

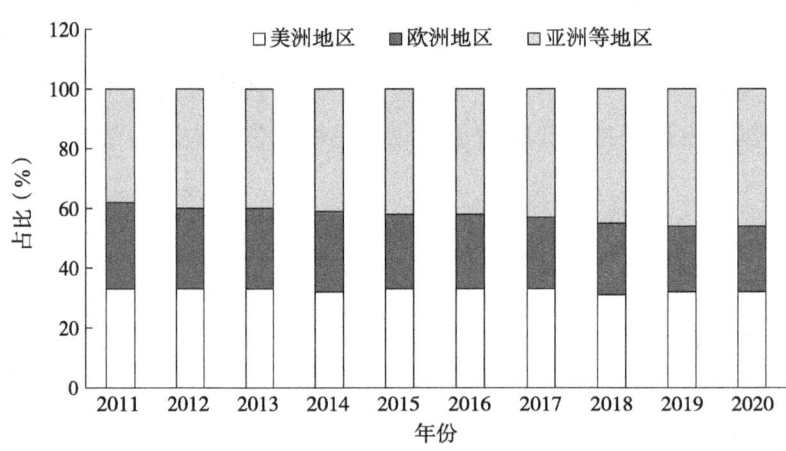

图 2　2011—2020 年联合利华不同地区营业收入占比
（数据来源：联合利华官网）

2.2　业务布局

联合利华旗下拥有三大产品线，400 多个品牌，其中 13 个在 2020 年的营业收入超过 10 亿欧元，81% 的品牌在其自身市场中名列前茅。

联合利华旗下品牌分属三个部门，即美容与个人护理、食品与茶点、家庭护理，每个部门都有明确的战略，以达到相应的目标。美容与个人护理 2020 年营业收入 211 亿欧元，是联合利华旗下第一大部门，其中包含的著名品牌有 Dove（多芬）、Rexona（舒耐）和 Lifebuoy（卫宝）等。食品和茶点 2020 年营业收入达到 191 亿欧元，与第一个部门相差无几，代表性品牌有 Knorr（家乐）、Hellmann's（好乐门）和 Lipton

（立顿）等。据荷兰合作银行估计，联合利华乳制品相关产品营业收入达58亿欧元，约占食品和茶点业务的三分之一，占总业务超10%，代表性品牌有和路雪、Breyers、Ben&Jerry's等。家庭护理产品部门2020年营业收入105亿欧元，代表性品牌有Omo（奥妙）、Domestos（多霸道）和Cif（晶杰）等。三大业务中，美容与个人护理系列的利润率最高，目前在20%以上。家庭护理部门的利润率较低，2011只有不到6%，但近年来增长较快，目前稳定在12%左右。食品与茶点业务利润率在15%左右（图3）。从近十年各业务营业收入占比看，美容与个人护理产品的营业收入占比上升较快，食品与茶点业务营业收入占比有较大幅度下降（图4）。

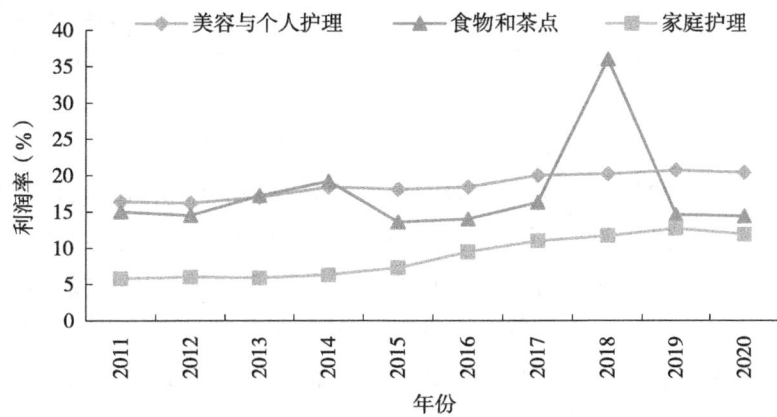

图3　2011—2020年联合利华各业务利润率变化情况
（数据来源：联合利华官网）

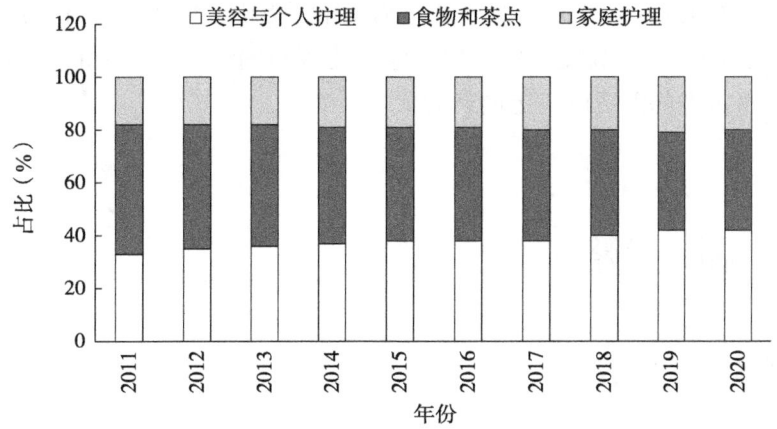

图4　联合利华近十年三大业务营业收入占比
（数据来源：联合利华官网）

3 公司销售模式

联合利华有着全球较为完整和庞大的供应链系统。在生产端，联合利华在全球有290多家直属工厂，还与700多家第三方制造方合作，以保证高质量、高产量生产。在运输端，联合利华有由400多个仓库组成的仓储系统，这些仓储系统保证了及时高效地将产品运送到190多个国家和地区的数百万个销售网点。在销售端，除了不断增长的电子业务，联合利华的品牌在2500万个零售店均有销售。通过联合利华的资金、技术和技能支持，帮助500万家中小型零售商发展壮大。强大的供应链系统保证了其稳定的运营与销售，从而赢得消费者认同。具体来看，联合利华的产品销售主要采用了三种模式。

一是传统分销模式。尽可能多地使用中间分销商，借助分销商完成产品铺货。对分销商采取既激励又约束的方法，推动销售渠道高效响应市场需求。传统分销模式帮助联合利华将自己产品送往世界上的每个角落，联合利华品牌变得随处可见。

二是采用直接供货模式。直接供货销售模式的对象一般是大卖场、超市、量贩店等现代通路，如沃尔玛、大润发等。作为直供客户和主要客户，由联合利华负责直接供货。直接供货模式的成本相对传统分销模式更低，且分销商数量大大减少，使其产品体系更加稳固和具有竞争力。

三是线上销售模式。在销售宣传上，联合利华借助先进的数字媒介，如直播带货、短视频平台广告、社交平台推广等方式。在销售方式上，联合利华正在加速电子商务业务发展并开发新的eB2B平台。另外通过借助第三方电子商务平台开拓产品渠道，将企业发展带向新的领域和高度。数字化、电商化等新趋势已经成为联合利华发展的新引擎，带领这个古老的消费巨头走向新时代。

4 公司品牌战略

4.1 品牌本土化战略

不同的市场环境需要不同的市场策略与方式，联合利华作为一个拥有190多个国家和地区市场的跨国集团，本土化战略是其最重要的发展战略之一。在品牌运营方面，联合利华会给予区域公司较高的自主权，有利于区域品牌依据当地实际情况制定符合当地居民消费习惯的品牌宣传与市场销售战略。每当进入一个新的市场，联合利华会积极收购其本土品牌，并加以改造与完善，以更好更快地打入当地市场。在本土市场，联合利华媒体渠道、品牌形象设计、品牌命名、品牌包装以及广告宣传等元素都会充分尊重当地文化，打造本土化品牌形象。

4.2 品牌聚焦战略

与公司聚焦核心业务战略一脉相承，在品牌战略方面，联合利华也遵循了核心品牌战略。联合利华虽然品牌数量很多，但对其利润贡献较大的只有百余种。在品牌聚焦战略的指导下，联合利华挑选出那些具有市场知名度和市场前景、广受消费者认同的品牌重点发展，其余品牌或淘汰、或减少投入。据统计，联合利华顶峰时期曾有上千个品牌，发展至今只剩下400多个，而重点发展只会更少。虽然品牌总数变少，但利润总额反而有所上升，实现较好发展。

4.3 品牌延伸战略

品牌收缩导致品牌数量减少，可能难以覆盖全品类细分市场。为弥补此缺陷，联合利华的品牌下子类比其他品牌更多。如联合利华旗下著名的冰淇淋品牌和路雪，下设可爱多系列、梦龙系列、百乐宝系列、环球珍选系列及其他。可爱多系列下设13种口味、梦龙系列下设6种口味、百乐宝系列下设3种口味、环球珍选下设9种口味以及其他系列，总类型超过50种。联合利华通过收缩品牌数，延伸品牌产品线，从而充分利用知名优势品牌的销售势能和带动效应，推动总体产品销量增长。

4.4 品牌公益推广

坚持公益与环保，以可持续发展为使命，联合利华的这种企业责任感也是其品牌力形成的原因。如联合利华与乐施会合作帮助消除世界范围内的贫困与不平等现象；与国际人口服务组织合作帮助贫困地区人口获取安全饮用水和普及卫生知识；与救助儿童会合作提供卫生工作者的服务、基础营养和能挽救生命的疫苗来改善200万孩子和母亲的生活状况；另外还与联合国儿童基金会、世界粮食计划署等国际组织建立了密切联系。在中国，联合利华还资助建立希望小学、开启"绿水青山"行动、开展"留守儿童之家"项目等。这种高度的社会感在扩大社会知名度的同时，也获取了广大消费者的社会认同，使其品牌形象与品牌影响力更加强大。

5 公司与奶农的利益联结机制构建

5.1 奶源与奶制品品牌交融

在联合利华的欧洲奶农供应商调查中，奶农普遍认为联合利华的冰淇淋等乳产品是"优质的、市场上最好的产品之一"（van Calker 等，2005）。奶农对乳品企业品牌的强烈认同与信心使得奶农能够放心供给、提高产量，不用担心乳品企业品牌产品市场需求的变化影响收购量，联合利华从而也能获得稳定供应。联合利华在进行乳产品宣传时也会将优质奶农奶品供应作为自己的优点大力宣传。这种宣传一般会置于乳产品宣传的重点位置，在宣传时联合利华会注重介绍奶源地的奶源特点、生产过程等信息。这种宣传方式在宣传自己产品原料质量的同时，也帮助奶源地进行了奶源品牌宣传，有助于奶源销路的扩大和稳定，从而客观上带动当地乳产业的进一步发展与规模扩张。奶源与奶品一体化宣传形成一种良性双赢格局，奶农乳品企业共同发展。

5.2 稳定的奶源收购机制

联合利华或者联合利华的子公司、奶源中间商在与奶农进行生鲜乳交易主要是基于长期合同，一般来说奶农以一年制合同为基础向乳品贸易商供应牛奶。在定价方面，农户在乳制品链中是最脆弱的一环。当陷入大宗商品价格挤压时，农民几乎没有什么选择。他们的反应往往是降低自己的劳动回报和支付给雇佣劳动力的份额。这往往意味着奶农收入的不稳定和波动。联合利华一定程度上采取一定措施去避免或减轻这种情况。在生产环节，深入参与奶农的生产计划，提供市场供求信息。在定价环节，承诺根据企业情况向奶农支付溢价以更好保障奶农利益。

5.3 供应链一体化运营

当乳品企业发展仅以本公司的营业收入、利润等作为发展的唯一衡量标准时，很容易陷入停滞、不可持续发展困境。乳品企业本身是一个极度依赖原料的企业，按理来说奶源供应商处于绝对控制地位，但由于奶农个体分散、话语权低、不直接接触最终消费市场等原因，导致乳品企业反而在乳品产业链中占据主动地位。但占据主动地位不意味着可以随心所欲，当乳品产业链利润分配过于不平衡就会导致奶源供应大量退出，影响乳品企业的稳定供应与长期发展。企业稳定奶源供应要求乳品企业必须将整个供应链作为公司运营的一部分，整体考虑。而联合利华在乳业供应链一体化运营方面无疑具有许多成功经验。

在产品开发方面，乳制品加工公司一直积极地向消费市场产品多元化，从而获取更多的利润。但加工公司一直将生产多元化的利益把控在自己手中，而未向奶源供应端推及，这意味着生鲜乳仍被视为一种商品，农民群体几乎没有任何收入增长。联合利华的做法是邀请奶农深度参与新产品的开发，并与奶农共同对产品奶源质量标准要求做出制定。在奶农合作下的新产品可以从奶源上就改进质量与风味，奶农可获得额外附加收益，企业则获得更具有市场竞争力的产品。

在生鲜乳生产方面，联合利华充分利用自己的技术优势，为奶牛养殖农户进行培训和制定指导手册。帮助农户致力于生产具有高营养品质的牛奶以满足现有和未来的需求，同时尽可能降低资源投入，提高收益。

通过一系列一体化运营措施，联合利华与奶农化为一体，将整个供应链化为整体考虑，深度参与奶农的可持续化战略，共同参与技术优化与管理升级，共享经济成果。

5.4 选择相同价值观的合作伙伴

联合利华这种大型跨国公司的一举一动都面临着国际社会的关注，因此大型公司在企业文化与道德上会更加重视，联合利华在与奶农合作时得到广泛赞誉与其"可持续"使命、"关爱农户"号召等文化氛围息息相关。但大型乳业尤其是联合利华这种大型跨国集团，在奶源收购过程中很多时候都必须通过收购当地乳品企业或与第三方乳品企业合作，而这些公司对待奶农的态度与行为则很难控制。当奶农面临经济压力时，联合利华的回答是"优先选择奶农"。为保持这种价值观的延续，联合利华会优先选择具有相同价值观的供应商作为自己的合同伙伴，这也就意味着当奶农面临供应链劣势时，合作商会和联合利华采取同样的措施。这种价值观合作原则使得与联合利华乳业业务相关的供应端奶农都能得到"奶农关爱"价值观的照顾。

"选择相同价值观的合作伙伴"对于奶农而言，意味着乳品企业会帮助其形成相似的价值观。联合利华会采用培训、宣传与教育等形式，将可持续观念融入奶农的生产生活中。帮助农户尽量减少奶牛养殖活动对土壤肥力、水和空气质量、景观和生物多样性的任何不利影响并做出积极贡献。环境保护与可持续发展观的延伸使得农户实现奶牛养殖可持续、长远发展。

5.5 本土化供应模式

联合利华作为一个业务横跨190多个国家和地区的跨国公司，本土化战略是其最重要的发展战略之一，在奶源供应方面也尽量实施本土化战略。在当地市场销售的产品，联合利华会尽量考虑当地奶农奶源。如联合利华旗下著名冰淇淋品牌 Ben&Jerry's 在美国地区与圣奥尔本斯乳品合作社建立密接合作，负责美国市场的奶源供应。而在欧洲则主要来自如 Hoogwegt 等欧洲本地乳制品贸易公司或乳品合作社。本土化战略将盈利与发展成果与当地人民共享，可以最大程度得到当地人民理解与支持，融入文化，获得支持。

另外还需要注意的一点是，联合利华奶源收购全球化的背后意味在其奶农利益机制在不同的地区可能会有不同的形式。联合利华在与当地奶农的交易中会充分考虑当地奶源质量、市场均价、政策管制等问题，决定采取何种奶农合作机制。在这种情况下，政策指导将对奶农利润分配与稳定经营起到重要作用。

6 对中国奶业发展的启示

6.1 乳品企业与奶农一体化运营

乳品企业必须站在整个供应链的角度考虑问题才能实现长期、稳定发展。在品牌方面，乳品与奶源联动宣传，互相成就。在生产方面，乳品企业深入参与奶农的生产计划，由乳品企业直接为奶农提供需求参考。另外应当利用自身技术以及资金优势，为奶农提供适当的培训与教育，从其更合理、更科学的从事奶牛养殖，提高产品质量与数量。要让产品市场端的多元化利润化成果充分延伸至奶源供应端，让奶农享受到发展成果。

6.2 创新奶源供应合作机制

传统奶源收购模式都是由乳品企业向奶农分别收购，收购价格依据市场行情及供需情况决定。这种收购模式下的奶源价格波动明显，奶农利益难以保障，乳品企业奶源供应也难以得到保障。借鉴联合利华的经验，我国奶企应与奶农制定长期、稳定的合作机制，签订长期合同，可以以一年或两年为一个周期进行续签。乳品企业应建立相应的奶源价格补偿机制，以奶农生产成本为依据，结合乳品企业营业收入、利润等因素，为奶农提供稳定的收益。稳定的收益能够保障奶源稳定的供给，从而实现奶农奶企的双赢。

6.3 可持续发展模式

近年来，环境保护与资源利用问题成为大家越来越关注的问题，奶牛养殖及奶源生产相关的环境与可持续问题也引起关注。奶农一般属于经验主义生产，对于可持续发展，需要更多技术力量与专业知识的支撑。而奶企作为奶业产业链的核心部分，对于奶源生产的环保化、可持续化有着天然的责任。一方面，应对奶农可持续养殖问题进行适当资金的投入与研究，形成专业、科学的可持续养殖理论体系，为减少资源消耗和环境危害提供指导；另一方面，乳品企业应尽量将可持续养殖与生产模式推广，组织奶农培训，将理论化为实践。

6.4 国际化与本土化的协调

随着我国乳品企业的逐渐扩大，终究要逐渐走向国际市场。联合利华作为一个典型国际化跨国公司可以为我国乳品企业提供经验。首先乳品企业必须坚定国际化的信任与决心，一个国家品牌只有走出国家，进入更加激烈的国际市场，才能更好扩张。但在国际化扩张途中，要充分尊重当地的文化与市场习惯。可以采取投资、收购或者合作等形式为当地发展奠基，要与当地奶农建立利益联结机制，共同享受发展成果，以减少抵制。另外在国际化的途中，在销售模式上不能照搬硬套，要根据当地实际建立本土化销售模式与销售渠道。

6.5 企业价值观的培育

企业文化与企业价值观的作用比想象中更加重要，一个具有较高价值观要求、将关爱弱势方作为企业文化一部分的企业才能真正得到消费者的尊重、得到社会的认可。因此乳业应加强企业文化和价值观的培育，通过媒介宣传、定期教育和规则引导等方式，号召企业内部形成回报社会、关爱奶农的企业价值观。在这种价值观指导下的乳品企业在与奶农合作中会更多地考虑奶农切身利益，形成更加融洽的乳品企业奶农合作关系。

参考文献

ESPINOSA-ORIAS N, SHARRATT P N, 2006. A hierarchical approach to stakeholder engagement [C]//Proceedings of 13th CIRP International Conference on Life Cycle Engineering: 525-529.

VAN CALKER K J, ANTINK R H J, BELDMAN A C G, et al. 2005. Caring dairy: A sustainable dairy farming initiative in Europe[R]. 15th Congress, Campinas sp, Brazil.

阿拉福兹

Arla Foods

- 总部：丹麦／瑞典
- 成立时间：2000 年
- 企业性质：合作社，全球性纯乳品企业
- 2020 年乳制品销售额：121 亿美元
- 2021 年"全球奶业 20 强企业"排行榜：No.8

> 阿拉福兹有限责任合作社（Arla Foods amba，以下简称阿拉福兹）创建于 1881 年，总部位于丹麦。经过近一个半世纪的发展，阿拉福兹已经发展为欧洲历史最悠久、规模最大的乳业公司之一，也是全球最大的有机乳品生产商。本文基于阿拉福兹官方网站、网络公开发布信息和学术期刊等资料信息与文献，分析该公司的发展历程与现状、经营策略、可持续发展战略及其与奶农利益联结机制，并提出对我国奶业发展可借鉴的经验与启示。

1 合作社发展

1.1 发展历程

1881 年，多位来自丹麦的奶农联合成立了全球第一家合作社，共同投资乳制品加工设备，从而更高效地利用牧场的生鲜乳，加工并销售质优价廉的牛奶，这家合作社就是最初的阿拉福兹。2000 年，瑞典的 Arla 公司和丹麦的 MD Foods 公司合并成立阿拉福兹有限责任合作社，总部设在丹麦哥本哈根，这是合作社历史上第一起跨国合并案。2004 年阿拉福兹收购了加拿大的 National Cheese Company，并成为加拿大的奶酪生产商和经销商。2005 年阿拉福兹首次涉足中国市场，和中国乳制品公司蒙牛乳业（集团）股份有限公司（以下简称蒙牛）开始合作，为中国市场生产原装进口的婴配粉。2006 年阿拉福兹在美国威斯康星州收购了美国专业奶酪乳品公司 White Clover；同年，阿拉福兹购买了 Tholstrup 奶酪公司，并将 Castello 品牌纳入旗下。阿拉福兹宣布购买私有芬兰乳品公司 Ingman Foods Oy Ab。2007 年阿拉福兹与英国 Express Dairies 合并，成为英国乳制品的主要供应商。2011 年阿拉福兹与来自德国的 Hansa-Milch eG 合并。2012 年，阿拉福兹与德国乳制品公司 Milch-union Hocheifel MUH 和 British Milk Link 合并。经过多年的合并与发展，阿拉福兹已然成为欧洲历史最为悠久，规模最大的奶农合作社（图 1）。

1.2 在中国的发展

2012 年 6 月 15 日，蒙牛与阿拉福兹及中国最大的粮油食品企业中粮集团在丹麦首都哥本哈根签署一系列协议，阿拉福兹以 22 亿港元入股蒙牛，持股约 5.9%，成为继

阿拉福兹（Arla Foods）

中粮集团之后的蒙牛第二大战略股东。合资公司以蒙牛母品牌为依托，借助阿拉福兹公司世界一流的研发体系和产品配方，生产高档、优质、易被消费者接受和喜爱的奶粉系列产品，合资公司由外方直接管理，组建婴配粉生产厂。阿拉福兹在中国市场主打的品牌包括阿尔乐和爱氏晨曦，阿尔乐旗下有全脂牛奶、低脂牛奶、脱脂牛奶、有机奶、儿童风味奶及常温酸奶等品类，爱氏晨曦品牌旗下包括切片奶酪和奶油奶酪等干酪制品。

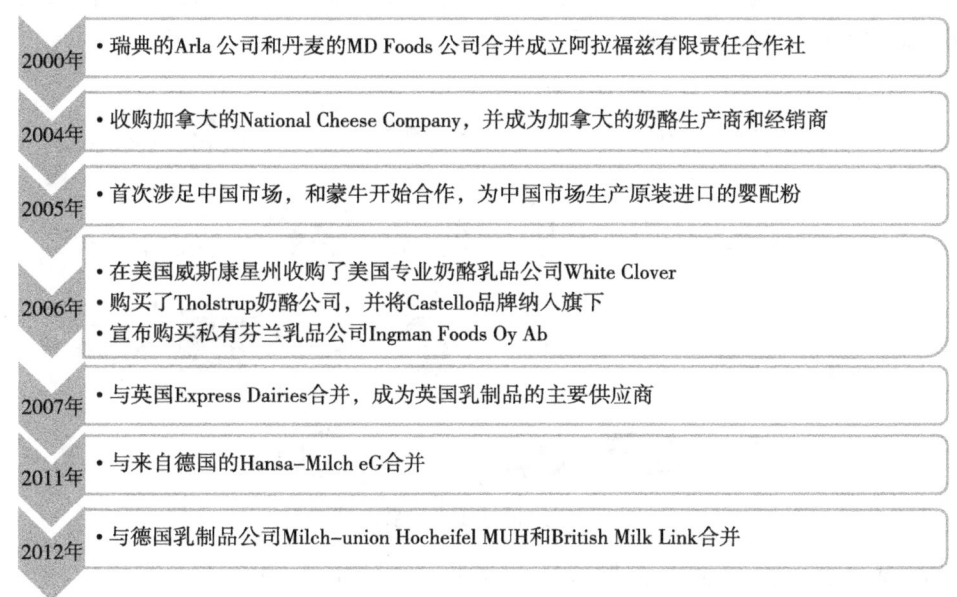

图1　阿拉福兹的发展历程

2012年，由中国和丹麦两国农业部门牵头，蒙牛和阿拉福兹共同建立中国丹麦乳品技术合作中心（以下简称中丹中心），该中心的目标是通过丹麦乳业向中国乳业传递知识和实践经验，提升中国乳业发展水平，打造出一个在公司、政府、组织、科研机构间分享知识和促进合作的平台。在过去近十年的合作中，根据中国奶业发展实际，中丹中心着重从生鲜乳质量、生鲜乳生产后工段（挤奶）、人员培训、操作标准引入制定、效率提升等角度，逐步从基础到深入，开展多维度项目设计和实施。这些项目的落地，切实推动了蒙牛技术进步，尤其是在前端生鲜乳生产和牧场提升领域。同时，中丹中心通过一系列专业指导和培训为中国牧场主在精细化管理等方面提供欧洲先进经验和有效的解决方案，不断提升培训牧场主管理水平：一是率先引入Arlagaarden质量管控体系，通过与Arlagaarden的对标，提升蒙牛生鲜乳质量管控标准。二是通过引入图文并茂的丹麦牧场标准化操作规程，经过与数十位专家论证和本土化之后，成为蒙牛乃至行业牧场从业人员的日常指导作业书。三是与Foss、阿拉福兹多方合作开发生鲜乳指纹图谱检测模块，通过技术手段解决生鲜乳掺假问题。四是开展了丹麦农场主进驻中国牧场项目，对蒙牛牧场进行跟踪指导，在半年时间内，这些牧场平均单产实现了 11% 的提升。

1.3 主要品牌与经营业绩

经过多年的发展，阿拉福兹的产品市场覆盖全球 100 多个国家和地区，旗下产品包括牛奶、奶酪、黄油、婴配粉等多种乳制品，并拥有 Lurpak 黄油、Castello 奶酪等引领欧洲美食界的高端品牌（图 2）。其数百种乳制品销往全球 100 多个国家和地区。

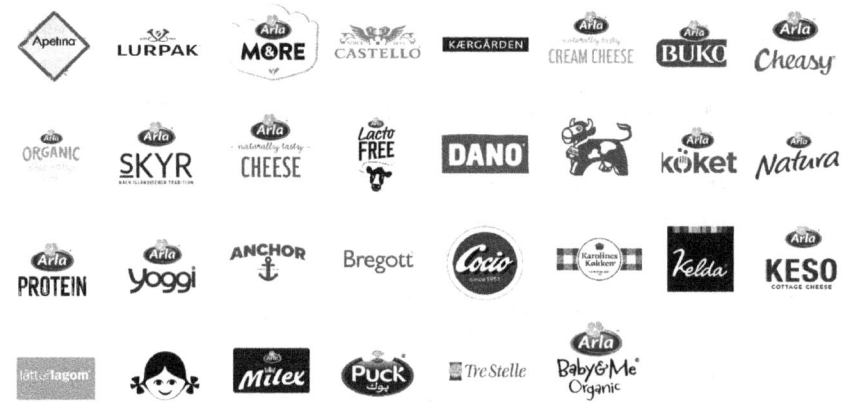

图 2 阿拉福兹旗下主要品牌

阿拉福兹在 2021 年荷兰合作银行发布的"全球奶业 20 强企业"排行榜中排名第 8，2020 年，阿拉福兹拥有超过 150 万头奶牛，当年产奶量达到 137 亿千克，从 2016 年起，企业为会员牧场始终提供具有竞争力的奶价（图 3）。

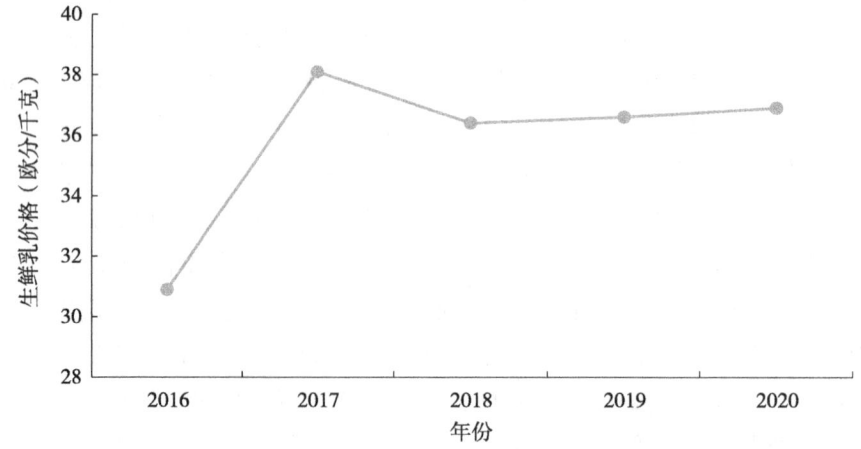

图 3 2016—2020 年阿拉福兹年平均生鲜乳价格
（数据来源：阿拉福兹 2020 企业财物年报）

2020年，企业生产乳制品68亿千克，全球营业收入106.44亿欧元，企业自2016年起营业收入持续增长（图4）。2020年阿拉福兹在世界各地区营业额占比如图4所示，其中欧洲是阿拉福兹主要的消费市场，70%以上的营业额来自欧洲，其他营业额主要来自美洲和亚洲等（图5）。

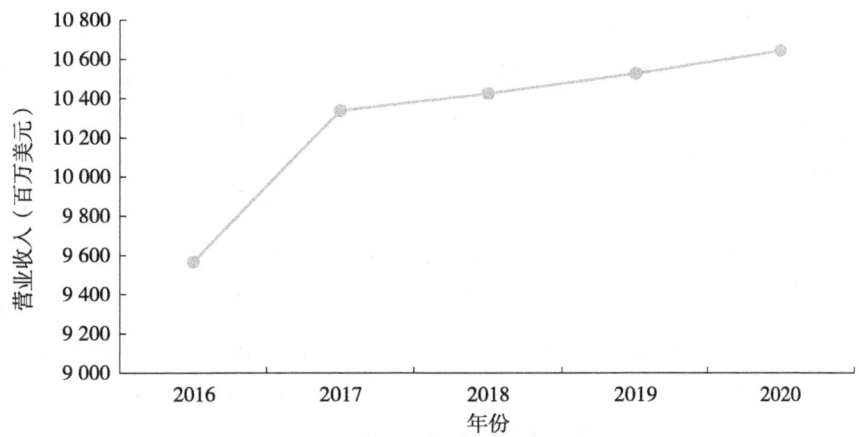

图4　2016—2020年阿拉福兹营业收入情况
（数据来源：阿拉福兹2020企业财务年报）

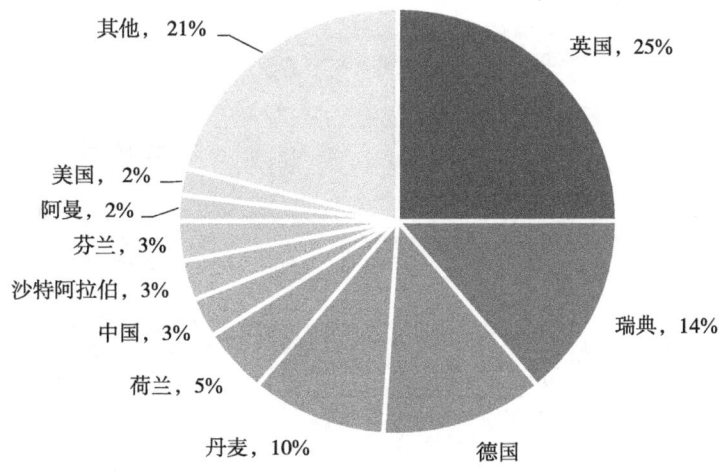

图5　2020年阿拉福兹全球市场营业额占比
（数据来源：阿拉福兹2020企业财务年报）

2 合作社经营模式与战略

2.1 合作社经营模式

阿拉福兹是传统奶农合作社模式与现代跨国公司经营模式的完美结合体。如今，企业由来自丹麦、瑞典、德国、卢森堡、比利时和英国等 7 个国家的近 1 万名牧场主共同经营和管理。公司根据地理位置将会员牧场的所在区域划分为丹麦、瑞典、中欧（德国、卢森堡、比利时、荷兰）和英国四大区域，每个区域设置理事会，理事会成员是每个区域从会员奶农中竞选出来的区域代表，四个区域共有 175 名区域代表，这些区域代表与公司的 12 名雇员共同组成代表委员会（Board of Representatives）。代表委员会是公司的最高权力主体，每年至少召开三次会议，其职责主要包括决定利润分配、选举董事会并与董事会一起根据公司长期战略计划作决策等；董事会（Board of Directors）由代表委员会任命，其成员由 15 名区域代表、3 名公司雇员代表和 2 位外部顾问组成，各区域代表的名额分配由各区域的产奶量及牛奶供应商的数量决定，董事会主要负责监管公司运营及资产管理、保证可观的盈利、任命执行董事会（首席执行官及副首席执行官）等；执行董事会与执行管理团队共同负责阿拉福兹的日常商业运营，准备战略计划，筹划公司未来的乳制品结构等。公司组织架构见图 6。

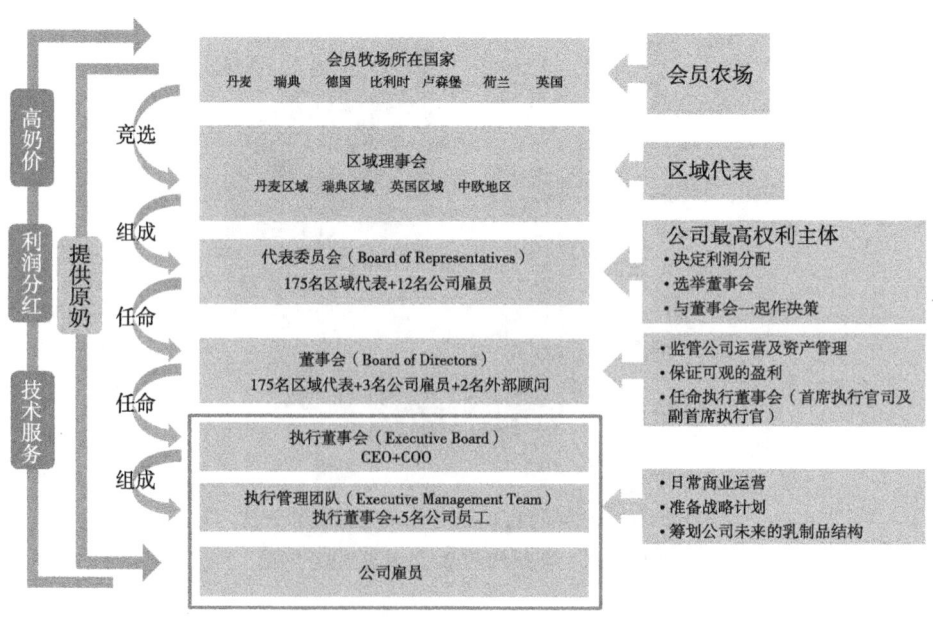

图 6　阿拉福兹公司组织架构

2.2 与奶农的合作模式

在传统的奶农合作社模式下，农场想成为公司的合作社会员首先需要向当地的理事会进行申请并签署《奶源供应协议》，协议签订后方可开始供应生鲜乳，会员资格自合作社首次收到合格的生鲜乳之日起生效。资格生效后，会员合作社有义务向公司提供稳定、符合公司质量标准的生鲜乳，同时会员必须承诺不得向公司提供从其他牧场收来的生鲜乳。为了保证会员的利益，公司承诺会为会员牧场提供欧洲最高的奶价。企业收购生鲜乳的价格每个月都会调整，调整的标准由公司代表委员会根据会员牧场所在区域的市场奶价波动情况制定。当市场奶价上涨时，企业的收购生鲜乳价格增量会高于市场价的增长幅度，但是当市场情况不理想时，企业也会下调奶价，让所有会员共同承担市场损失。此外，在每年的年底，公司会将当年的利润作为第十三个月的补充工资发给会员牧场，当作当年的利润分红。如果会员连续6个月未能达到提供稳定、优质奶源的要求，企业自动视为该农场退出合作社，同时农场需要给公司支付违约金。

为了管控并保证生鲜乳的高质量，一方面，阿拉福兹建立了公司自有的Arla Gaarden质量管理体系。该体系包含牛奶成分、食品安全、动物福利和环境保护四个部分（表1）。企业通过这套质量管理体系规范农场提供的生鲜乳质量，若生鲜乳达不到该体系要求，体系也制定了明确的惩罚措施，包括罚款、降低牛奶的收购价格和暂时停收牛奶等，直到这些不足之处得到改正后，惩罚手段方可解除。另一方面，公司通过提供技术支持的方式，提高会员牧场养殖效率，保证生鲜乳质量。公司设有专门的技术支持团队，为会员牧场提供诸如牛奶采集、奶牛养殖等一系列的日常技术支持服务，并

表1 Arla Gaarden 质量管理体系主要内容

项目	目的	控制标准
牛奶成分	努力使牛奶的成分满足消费者对终端乳制品的需求和愿望	①牛奶中的脂肪、蛋白质、矿物质以及其他成分必须保持正常；②牛奶必须新鲜、口感好
食品安全	从农场开始确保为消费者提供安全的乳制品	①牛奶不允许含有有害物质；②高卫生标准避免牛奶被污染的风险
动物福利	努力满足奶牛基本的生理和行为需求，增进奶牛的健康和福利	①奶牛必须处于健康状态；②奶牛必须在对动物友好的环境中被饲养和照料
环境考虑	鼓励农场采取保护环境、尊重自然的措施	①农场必须保护周边环境，维护文化地貌；②农场必须优化肥料的使用，并且进行风险评估，将危险化学品的使用保持在最低水平

定期组织奶农会议、农场巡视和现场访谈等，农场主以此获得技术方面的支持，从而达到节本增效、提高质量的目的（谷继承，2014）。

阿拉福兹的奶农合作社运行模式增强了奶业产业链的整体联动性和奶农的抗风险能力，在长期稳定的合同激励下，会员能够从长远利益出发，改善经营活动，加大农场投入，提升饲养水平，提高生鲜乳质量，而公司也可以确保获得稳定且高质量的奶源供给，有效地实现了奶源供应的一体化。

3 可持续发展战略

作为欧洲领先的乳制品公司，阿拉福兹不仅倡导接近自然的品牌理念，也一直秉承可持续发展的原则，致力于生态和环境的保护。如何在牧场培育、奶牛养殖、乳制品生产、运输和包装中减少碳排放、进而保护我们赖以生存的地球一直是阿拉福兹关心的问题。阿拉福兹近十多年来一直致力于减少乳制品生产碳足迹，1990年以来，阿拉福兹的碳足迹排放减少了24%。2019年3月，阿拉福兹总部和会员牧场共同发布了新的可持续发展目标，即2050年实现零碳足迹。

3.1 可持续奶牛养殖

奶牛养殖是产业链的关键环节，阿拉福兹的可持续发展战略也是从奶牛养殖开始的。自1990年起，阿拉福兹对所有会员牧场实行气体排放检查制度，检查的同时会对会员牧场进行培训，为他们提供能够减少温室气体排放的方法和建议。这一方法实施至今，有效减少了企业整体的二氧化碳排放量，1990年，每千克牛奶的碳排放量减少了24%，阿拉福兹的二氧化碳排放量仅为全球平均水平的一半。企业使用的能源中33%来自可再生能源，例如风力涡轮机、太阳能电池板或沼气等。

阿拉福兹始终关注奶牛的健康和福利，为了确保奶牛的健康，企业制定了农场质量管理计划，并以此建立世界上最大的动物福利数据库之一，以帮助跟踪奶牛的福利和健康状况。该数据库内容涉及奶牛饲养、饲草饲料、牛奶产量、奶牛分娩、奶牛挤奶、人工授精、繁殖性能、牛奶成分、信息化管理、基因测定、兽医报告、蹄部保健、屠宰记录等信息，这些信息被及时、详实地输入数据库，经过综合分析，用于指导奶牛饲养管理、进行遗传评估、制定育种计划、指导研究与创新和制定兽医保健计划等。

3.2 可持续加工与包装

在乳制品生产环节，阿拉福兹通过智能技术的应用，不断优化各加工环节，最大限度地减少原料浪费，据统计，2015—2020 年，阿拉福兹的生产基地的食品浪费减少了 24%。此外，阿拉福兹在乳制品生产过程中始终坚持使用环保可持续的材料，一方面减少塑料的使用，加强与环保企业的合作，将使用过的产品包装回收和循环处理，其发展目标是在 2030 年实现包装的完全可循环。另一方面优化了产品包装，最大限度地提高产品的新鲜度和保质期，同时尽可能地使产品包装容易折叠和排空，减少产品的浪费。

3.3 保护自然与生物多样性

阿拉福兹始终认为与自然共生的关系对可持续农业是至关重要的，生物多样性对于保护自然非常重要，特别是在面积比较大的农田当中。通常情况下，农业的产量越高，生物多样性就会随之降低，考虑到这一点，阿拉福兹始终在思考如何在种植、养殖、放牧和加工等各生产环节中减少对生物多样性的影响和威胁，如何在保护环境和物种多样性的情况下，不影响牧场的产量。以往的研究表明，为了保护牧场的生物多样性，目前比较有效的方式主要有两种：一是发展牧场的农业景观，在牧场中增加景观的多样性，比如在边缘地带增加一些灌木、树篱等，这种做法是非常有好处的。二是要加强土壤中和土地上的自然过程。不仅要保持清洁的土壤和水，也要丰富土壤生命，创造条件使微生物和蚯蚓得以生长，改良土壤的营养价值，丰富地上和地下两部分营养要素的组成。这些多样化的小生物在食物网上起着非常基础的作用，要做的就是尽可能地创造空间和环境，让生物多样性自然恢复。

4 对中国奶业发展的启示

阿拉福兹的会员牧场主要以中小规模的家庭牧场为主，集团通过由下至上紧密的利益联结机制和管理架构，提升了奶农的组织化程度，实现了产、加、销的一体化运营，该运营模式具有合理的定价机制、管理机制和服务机制等，也对我国奶业的发展有一定的启示。

4.1 建立科学合理的按质论价体系

在奶价制定方面，目前，我国的生鲜乳价格制定和乳指标的检测完全是由乳品企业或加工厂完成的，奶农的话语权较小。阿拉福兹在制订奶价时，一方面，有规范的定价机制，该机制是企业与奶农代表共同商议和制订的结果，同时该机制也保障了在市场发生波动的情况下，奶农也能够获得具有保障性的奶价。另一方面，会员牧场提供的生鲜乳是经过第三方检测机构检测的，奶价也是优质优价。因此，建议从国家层面不断完善以优质优价为核心的生鲜乳定价机制，探索适宜国内形势的生鲜乳价格形成机制，并通过主管部门对社会公布，进一步完善第三方检测，实现生鲜乳生产、收购与检测的相对独立，为生鲜乳优质优价的定价机制奠定基础。

4.2 提高社会化服务水平，为奶农提供更好的服务

技术服务方面，目前我国乳品企业会在一定程度上为牧场提供相应的服务，但整体服务能力较弱，且牧场对乳品企业提供的服务具有较弱的话语权和建议权。为提高牧场和乳品企业的合作效率和服务水平，应借鉴阿拉福兹的服务模式，公司设置专门的技术支持团队，为合作牧场提供覆盖整个环节的全方位日常技术支持服务，并定期组织奶农会议、农场巡视和现场访谈等，使乳品企业提供的服务切实地起到相应的作用，而不是为了"绑住"奶农而服务。

4.3 重视绿色奶业发展，提升全产业链的可持续性

阿拉福兹通过绿色养殖、使用可再生能源、废物回收利用、改进生产环节与包材等方式，致力于减少碳排放，实现产业的环保和可持续发展。我国奶业发展也应该秉承绿色发展的理念，在提倡绿色养殖、减少粪污排放、加强废物的回收、使用可再生能源的同时，也应该关注低耕作、保持土壤的有机质等方面，通过改善牧场环境与土壤条件等方式保护生物的多样性。

参考文献

谷继承，2014. 瑞典、丹麦、挪威奶业考察报告 [J]. 中国奶牛 (22)：38-42.

赵卓，陆骏飞，于冷，2008. 丹麦阿拉·福兹乳品公司的原奶供应模式、质量保证计划及其启示 [J]. 中国畜牧杂志 (22)：45-48.

诺德胡马纳

Deutches Milchkontor GmbH

- 总部：德国
- 成立时间：2011 年
- 企业性质：合作社，全球性综合性食品加工企业
- 2020 年乳制品销售额：64 亿美元
- 2021 年"全球奶业 20 强企业"排行榜：No.12

> 德国 Deutche Milchkontor（以下简称 DMK 集团）是德国最大的乳品集团、德国食品零售业第四大生产商、欧洲第三大乳品企业，在德国和荷兰拥有约 7 700 名员工。2021 年 DMK 集团以销售额 56 亿欧元，位列荷兰合作银行发布的"全球奶业 20 强企业"排行榜第 12 位。

1 公司发展

1.1 发展历程

DMK 集团的历史可追溯到 2005 年。2005 年，德国老牌合作制乳品企业胡马纳乳业（Humana）和诺德乳业（Nordmilch）以各持股 50% 的方式成立了乳清加工公司 Wheyco GmbH。2009 年，两家乳品企业再次共同成立产品销售公司 Nord-Contor Milch GmbH。2011 年，为了向合作社成员提供更稳定的生鲜乳价格，进一步扩大新鲜乳制品和奶酪等的市场份额，胡马纳乳业和诺德乳业征求双方合作社奶农代表的同意，正式合并成立 DMK 集团。2016 年，为了进一步打开欧洲市场，确保合作社的可持续发展，DMK 集团和荷兰乳品公司 DOC Kaas B.A. 签订交换购买协议，将 DOC Kaas B.A. 旗下的 DOC Kaas B.V. 纳为 DMK 集团的子公司。DMK 集团成立以来，陆续通过收购、参股等形式在德国、荷兰、意大利、俄罗斯、中国等国家共投资了 49 家全资子公司、43 家联营企业和超过 20 个生产加工基地。

1.2 公司架构

DMK 集团是德国最大的乳制品合作社，集团每年召开一次代表大会，代表的人数按照每 25 名奶农选出一人的比例确定，代表大会的内容包括选举监督委员会以及确定当年净利润的分配等；由代表选举出的监督委员会由 6 名奶农代表和 6 名公司员工代表共 12 名成员组成，职责是监督管理委员会的工作；管理委员会是集团的管理部门，负责集团的日常工作并独立管理合作社；此外，集团设置咨询委员会，负责讨论并审议运营部门和合作社中的重要战略决策，并促进合作社成员与管理委员会之间的信息交流，且咨询委员会有权向管理委员会直接提出候选人的任命（图 1）。

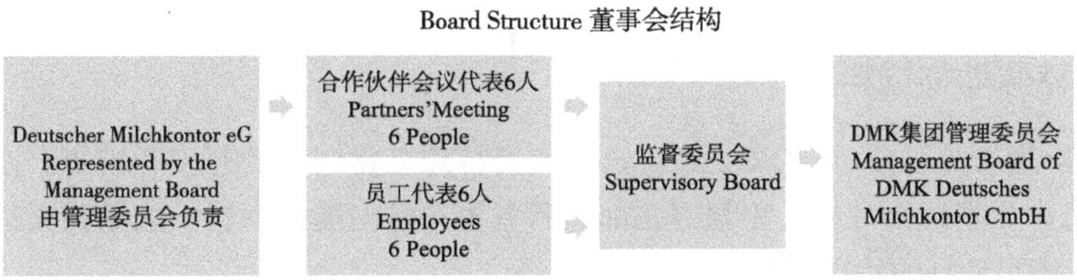

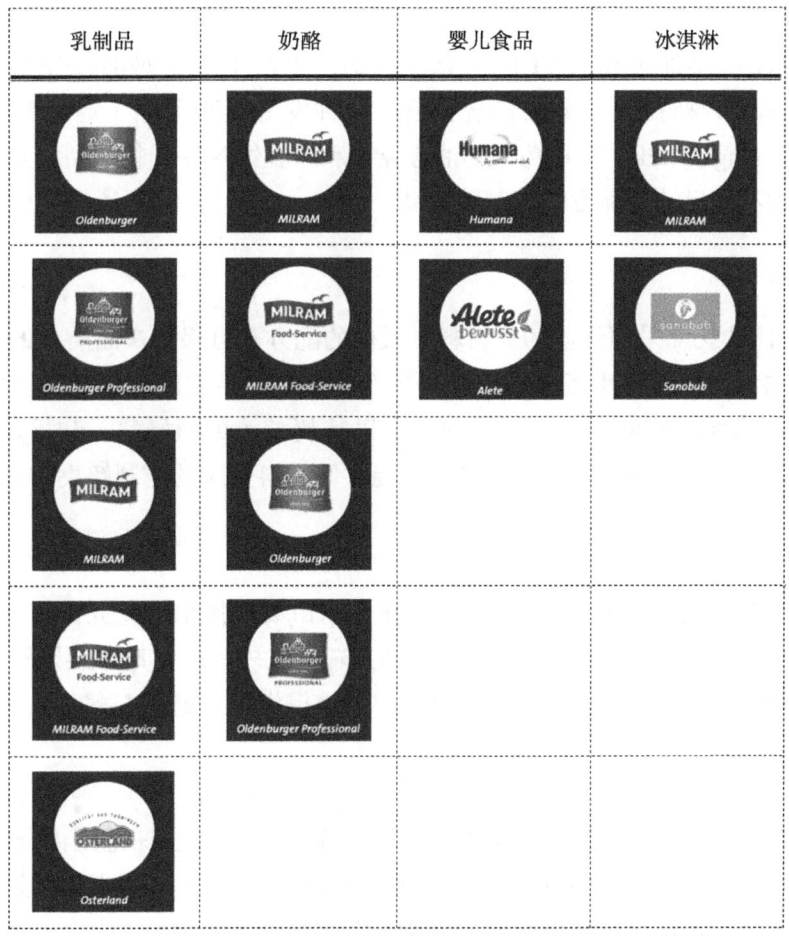

图 1　公司董事会结构

1.3　公司业务布局

DMK 集团深耕奶业全产业链，活跃于乳制品行业的许多领域。不仅提供广泛的乳制品，也提供涵盖生产、包装、销售和市场营销等服务，并致力于为客户提供灵活的产品定制解决方案（图 2）。

乳制品	奶酪	婴儿食品	冰淇淋
Oldenburger	MILRAM	Humana	MILRAM
Oldenburger Professional	MILRAM Food-Service	Alete	Sanobub
MILRAM	Oldenburger		
MILRAM Food-Service	Oldenburger Professional		
Osterland			

图 2　集团主要业务及品牌

1.3.1 特殊动物饲料

DMK 集团的子公司 NORLAC GmbH 负责特殊动物饲料的开发和销售。使用本公司的牛奶作为基础原材料，为德国北部的后备牛和仔猪提供饲料、能量补充剂和矿物质舔砖，满足动物的特殊需求。

1.3.2 原料

DMK 集团的子公司 DP Supply 主营业务是制作炼乳、奶油、黄油等原材料，用于糖果如巧克力、烘焙食品如羊角面包、方便食品如披萨等产品的制作；另一家子公司 Wheyco 主要开发乳清蛋白及乳糖渗透液，提供给婴幼儿食品和运动营养食品加工制造商。

1.3.3 乳制品

DMK 集团每年加工超过 71 亿千克的原奶，生产牛奶、奶油、夸克（德国、部分北欧国家和部分斯拉夫国家的传统美食，一种发酵凝乳干酪）等经典产品，以及 MILRAM FrühlingsQuark（带草药的奶油夸克）和酪乳饮料等创新产品。并为餐饮、酒店等行业提供不同尺寸及配方的定制乳制品。

1.3.4 奶酪

DMK 集团的奶酪采用优质的原材料、最佳的配方及可保持产品质量的重复密封包装，供应国内和国际贸易市场。制作的奶酪产品包括荷兰扁圆形干酪、伊顿奶酪、埃门塔尔奶酪、马斯丹奶酪、马苏里拉奶酪、巴特奶酪（黄油奶酪）和提尔西特奶酪。同时，为乳制品配料领域如冷冻食品制造商提供原材料供应的定制解决方案。

1.3.5 婴幼儿食品

DMK 集团的子公司 Humana 是第一家在德国市场上推出婴幼儿配方食品的公司。另一家子公司 Alete 除了传统的婴配粉和婴幼儿辅食之外，还生产罐装婴幼儿食用果汁和孕母营养补充产品，并由营养专家根据客户需求提供私人定制方案。

1.3.6 冰淇淋

DMK 集团冰淇淋产品的销售量在欧洲位列前五，并在全球范围内分销冰淇淋产品。无论是产品质量还是口味创新，一直处于欧洲领先水平。公司特别注重原材料的控制，近年来稳步增加可持续原材料的使用，确保消费者安全。

1.3.7 产品定制咨询服务

DMK集团拥有自己的牛奶创新研究中心，这里的专家拥有在原奶和乳制品生产方面的专业知识和经验，他们向合作伙伴提供新产品开发的咨询服务和技术支持，帮助合作伙伴实现创新想法的落地，提供流程优化的最佳解决方案，并共同开发新产品。

1.4 公司品牌策略

面对消费者饮食习惯日新月异的变化，DMK集团意识到，消费者不再仅根据产品的口味和样式选择产品，而是更看中食品的天然成分、动物福利和环保包装等概念因素。基于此，DMK集团积极应对市场趋势，提出具有针对性的品牌策略。

1.4.1 布局低糖健康食品

DMK集团在2019年启动了"减少糖分"计划，逐步降低产品中的含糖量，且不再添加其他甜味剂，而是采用从无乳糖牛奶中获得天然甜味的方式保证口感。仅在2019年当年，糖的使用量减少超过135吨。此外，公司正在着力研发天然的糖替代品，以创新出口感好且低糖的天然健康食品。

1.4.2 研发可持续性的环保包装

随着生活节奏的不断加快，消费者不再有固定的进餐时间，而是根据自己的安排在合适的时间进餐。因此，消费者倾向于选择个性化的便利包装。同时，塑料废料对环保造成的压力日益严峻。近年来，DMK集团一直致力于减少包装中的塑料成分，停止使用不可回收的复合材料，转为用APET和PET/PE薄膜制作包装。在保证食品安全的同时更加环保，减少包装材料数量并优化其可回收性。避免包装废料不仅仅是基于经济上的考量，更是本着对环境负责的态度。在品牌策略中着重宣传环保理念，在为消费者提供便利的同时，可以有效树立品牌的公信力。

1.4.3 进军植物蛋白领域

作为对健康饮食新认知的一部分，越来越多的消费者寻找植物蛋白饮料以替代经典乳制品。2018年，DMK集团植物蛋白食品销售额达到了2.35亿欧元，主要面向的目标群体以健身人群和素食主义者为主。因此，尽管DMK集团的核心业务始终围绕优质乳制品发展，但植物蛋白领域也将作为公司重要的增长细分市场，生产此类产品填补市场缺口。

1.4.4 与消费者进行情感沟通

消费者对品牌的良好感受是塑造品牌的关键因素。DMK 集团不断优化沟通方式，采用情感叙事的方式，为品牌赋予其特殊的身份和故事，与消费者产生共情，帮助其深层次理解产品的内涵。该策略有效地吸引了新的目标群体，并获得了重要的市场份额。

1.5 公司经营情况

DMK 集团是由德国两家老牌乳品企业强强联合合并成立的，在 2011 年成立后，即入围了"全球奶业 20 强企业"排行榜，排名第 13 位。之后除了在 2012 年排名跌至第 17 位以外，其他年份排名基本维持在 13～16 位。2021 年，DMK 集团销售额 56 亿欧元（64 亿美元），居"全球奶业 20 强企业"排行榜第 12 位（图 3）。在整个欧洲而言，DMK 集团的乳制品营业收入位列第 8。

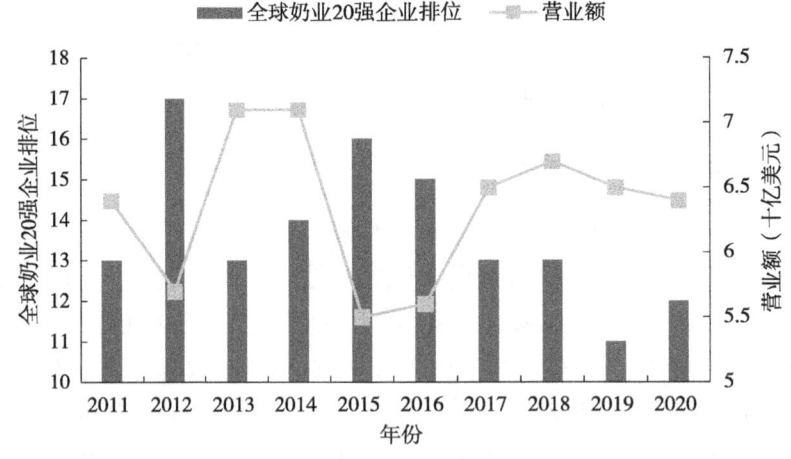

图 3　DMK 集团 2011—2019 年营业额及在"全球奶业 20 强企业"排行榜的排名

1.6 在中国的发展

DMK 集团国际品牌欧德堡（Oldenburger），自 2008 年起开始在中国销售。该品牌早期以销售奶酪和黄油为主，后期增加了超高温灭菌牛奶、超高温灭菌奶油、咖啡奶油和全脂乳粉等品类。由于产品高质量的奶源和制作技术，受到中国消费者的喜爱。此外，DMK 集团旗下生产高端乳清的子公司 Wheyco 也在积极加快在中国的产品推新速度。

诺德胡马纳（Deutsches Milchkontor GmbH）

2 与奶农的利益联结机制

作为欧洲最大的合作社制乳品企业，DMK 集团拥有超过 6000 名奶农，其中有 5 341 人来自 DMK eG（德国）、655 人来自 DOC Kaas B.V.（荷兰）、28 人是合同制的原奶供应商，这些奶农每年向集团提供约 71 亿千克的生鲜乳。集团通过多种途径建立完善的奶农利益联结机制，确保奶农利益。

2.1 通过 Milkmaster 计划帮助奶农提升生鲜乳质量、获得更高的奶价

DMK 集团非常重视动物福利、喂养和动物健康领域，这也是德国消费者关注的重点话题。因此，DMK 开发了 Milkmaster 计划，向奶农提出严格的牛奶生产标准和具体目标，帮助奶农提升生鲜乳质量，并提供奶价奖励。Milkmaster 计划基于《牛奶管理员守则》（以下简称《守则》）从产犊到产奶全过程的强制性执行标准及规则以及动物福利、乳腺炎预防、环境保护等主题的鼓励执行规则。一方面，根据《守则》内容，集团设置了包括 148 项细化问题的调研问卷，由牧场进行自我评估。在提交评估结果后，集团每年向牧场提供分析报告及与其他牧场的对比测评结果，并聘请专家顾问对牧场存在的问题提供有可行性的改进建议。另一方面，集团每两年组织一次由外部独立认证公司对牧场开展的综合评估，以确认牧场达到《守则》中的强制性标准；并对在奶牛舒适性、动物健康、生鲜乳质量等《守则》中的鼓励执行规则方面表现出色的牧场，给予奶价溢价奖励。2017 年，集团对奶价溢价奖励的支出共 4 260 万欧元。值得注意的是，合作社的奶农自愿参加 Milkmaster 计划，2018 年，约 77% 的奶农（占生鲜乳供应总量的 94%）参加了该计划。

为了展示 Milkmaster 计划对牧场水平的提升效果，接受社会监督并进一步提升公司奶源质量的公信力，DMK 集团在 2015 年开设了两个标准化牧场"Milkmaster Farms"，牧场配备有专业的兽医和饲料顾问，全面展示 DMK 奶农每天所做的工作，以及 Milkmaster 计划在实际应用中的工作方式。非政府组织，媒体和 DMK 员工都可以预约参观。

2.2 搭建 myMilk 线上平台，帮助奶农便捷获得奶价奖励

为了解决奶农线下评估结算奶价操作不便的问题，DMK 集团在 2019 年开发了应用程序"myMilk"，该平台易于操作，可以根据奶农重点关注内容进行个性化界面设

计。myMilk 中详细列出所有可以获得奶价奖励的评估标准，包括动物福利、动物健康、动物寿命及放牧情况等，按照每半年一次的频率提示奶农进行审核。奶农将牧场数据直接输入程序，系统自动生成生鲜乳质量的评估报告，并自动将奶价奖励与基础奶款合并账单，发放给奶农。

除评估奶价发放奖励外，myMilk 程序的"牛奶可持续性模块"还为奶农提供咨询服务。专家将在线对牧场亟待解决的问题进行有针对性的解答和帮助。

2.3 提供较为稳定的奶价，奶农可自行确定供应渠道

DMK 集团于 2019 年启动了一个基于期货交易所的固定价格模型试点项目，基于莱比锡欧洲能源交易所（EEX Leipzig）的黄油和奶粉报价，提供每月两次的固定价格，以对冲生鲜乳价格波动，奶农可以此价格作为未来 12 个月的基本价格的参考价，并据此分配牧场生鲜乳给 DMK 集团的供应量，确保奶农利益的最大化。

2.4 积极完善与奶农的对话机制，提升奶农话语权

每年，DMK 集团管理层都会在 10 个地区性大会上与奶农代表直接对话，探讨奶价和产奶量趋势等话题。各区域的管理人员还会再召开超过 70 场的小型地区议会，与奶农对于乳品行业的趋势进行意见交流。奶农意见对公司发展决策起重要作用。

此外，DMK 集团积极听取青年奶农的想法，集团组织合作社中的青年奶农参与"青年奶牛农民工作组（AJKM）"，该机构由年龄在 18～30 岁的青年奶农组成，定期进行成员交流及牧场考察等活动。成员对市场发展进行讨论，并将想法和建议提交给集团。

2.5 缩短奶款支付周期，缓解牧场经营压力

德国大多数乳制品公司每月向奶农支付生鲜乳费用，而 DKM 集团每两周支付一次奶款，通过缩短付款周期，有效解决了奶农的资金流问题，缓解奶农的经营压力。

③ 对中国奶业发展的启示

3.1 构建合理的奶价激励机制，实现原奶质量和奶农利益的双赢

在中国，奶价多以乳品企业直接定价或固定合同制定价为主，乳品企业掌握话语

诺德胡马纳（Deutches Milchkontor GmbH）

权，奶农缺乏议价能力。这就导致了部分优质原奶，因为季节性、市场需求量降低等原因，仅能获得较低的奶价。DMK集团采用了合理的奶价激励机制，明确列出可以获得奶价溢价的奖励细则，并采用固定价格模型对冲奶价波动的风险。这样做，一方面，提升了奶农的养殖积极性，切实提高奶农收益；另一方面，乳品企业获得了更优质的原奶以生产更高品质的乳制品，实现双赢。目前，中国多省份正在大力推进"按质论价"的收奶方式，探索出符合国情、科学合理的原奶定价机制，是中国乳业发展的关键一环。

3.2 提升奶农话语权，上下游联动促使利益分配更均衡

德国乳品企业大多以合作社制乳品企业为主，以DMK集团为例，奶农作为公司的重要成员，参与公司代表大会、重要决策、利益分配等环节，享有很高的话语权，形成上下游利益一体的模式。更加均衡的利益分配模式是奶业快速发展的先决条件。而在中国，养殖成本不断上涨、产业链各个环节的分离，都导致了奶农在奶业产业链中处于不利地位。我国受奶业发展现状的制约，虽无法照搬合作制乳品企业的创建模式，但应探索一种有效的机制，提高奶农地位，均衡产业链各环节的利益。

3.3 建立可持续性的全产业链体系

在乳业飞速发展的今日，如何保证可持续性发展，是行业进步的基石。DMK集团将确保产业链具有更大的可持续性作为首要目标。在养殖端，通过使用非转基因饲料、优化能源消耗、节约牧场用水等方式保护生态环境。目前，DMK集团的工厂每处理1千克原奶仅需用水1.12升，远远低于德国乳品企业2.05升/千克的平均水平。公司还开发了通过处理废气获得蒸馏水的方式进一步节约用水，并对干燥塔升级以减少空气排放；在供应链环节，DMK集团发布了"供应商行为准则"，涵盖了环境保护、职业健康、安全及合规性等要求。严格规范供应链中的所有参与者；在生产端，强化产品多元化布局，生产更天然的乳制品并使用环保型可回收包装。在中国，绝大多数牧场正在逐步提高生态环保意识，但是在产品生产环节，仍然存在为了吸引消费者而过度包装等情况。当下，只有规范全产业链各环节的环保意识，从牧场到餐桌整体价值链共同协作，才是中国乳业可持续发展的重中之重。

西奥穆勒

Theo Müller

- 总部：德国
- 成立时间：1896 年
- 企业性质：私营企业，全球性综合性食品加工企业
- 2020 年乳制品销售额：51 亿美元
- 2021 年"全球奶业 20 强企业"排行榜：No.20

> 德国西奥·穆勒集团 Unternehmensgruppe Theo Müller（以下简称 Theo Müller 集团）总部位于德国巴伐利亚州，是食品领域的国际著名家族企业。该公司在全球拥有 19 个生产基地，约 26 600 名员工，在乳制品、熟食、酱料、食品零售和冷冻物流行业、乳品包装业等服务行业中拥有众多业务分支和知名品牌。根据 2021 年荷兰合作银行发布的"全球奶业 20 强企业"排行榜数据，Theo Müller 集团以 51 亿美元的乳制品营业收入入围"全球奶业 20 强企业"排行榜，名列最后一位。与多数全球奶业 20 强企业类似，Theo Müller 集团经营业务的不断扩张一方面来源于持续精心设计的、以质量为导向的牛奶加工、过程改进和技术创新，另一方面通过对全球优势乳品企业的兼并重组。本内容基于 Theo Müller 集团及其下属各品牌网站资料信息，分析公司现状及其与奶农利益保障做法的典型特征，并提出值得我国借鉴的经验。

1 公司发展

1.1 公司成立背景

1896 年，创始人 Ludwig Müller 在德国巴伐利亚州 Aretsried 一个小村庄建立了乳品厂。1971 年，其孙子 Theobald Alfons Müller（Theo Müller）从其父亲手里接管这个乳品厂时，公司只有 4 个人。得益于牛奶加工技术的改进、创新产品的研制以及销售部门的建立，Müller 快速发展，并于 1972 年成为德国第一家开始在全国范围内进行鲜奶产品销售的乳品企业，这也为 Theo Müller 集团后来成为国际著名乳品企业奠定了发展基础，而集团的商业成功也主要归功于 Theobald Alfons Müller。

20 世纪 80 年代后，Theo Müller 集团开始了新建厂及并购的全球扩张之路，如表 1 所示。

如今，Theo Müller 集团在全球有 24 处生产基地，遍及德国、英国和爱尔兰、捷克、意大利、荷兰、波兰、中国、罗马尼亚、以色列等 10 个国家。

1.2 公司业务结构

Theo Müller 集团的业务范围包括乳制品、冰鲜美食、沙拉、酱汁、鱼类、水果加工、包装和物流等，主要业务营业额占比见图 1。自有品牌的乳制品主要有奶油、黄

表 1　Theo Müller 集团的发展历程

时间	主要事件
1980 年	首先建立了自己的物流公司 Culina 和包装生产公司 Optipack
1992 年	在英国建立了生产工厂
1994 年	Müller 收购了萨克森米尔奇 Sachsenmilch AG 及其在德国莱珀斯多夫 Leppersdorf 地区的工厂，后来 Sachsenmilch AG 发展为欧洲最现代的乳制品公司
1999 年	收购了酸奶奶酪乳品厂 Loose
2000 年	收购了德国的国有乳制品公司唯森 Weihenstephan，并以其持有的白色和蓝色包装打造了 Premium 系列产品
2002 年	收购了成立于 1920 年的酸奶奶酪乳制品厂 E. Rehkopf
2004 年	收购雀巢新鲜乳制品生产许可证及英国吉百利甜品品牌，同时收购荷兰品牌 Almhof
2007 年	香港食品集团 HK FOOD 创立，Theo Müller 集团以小股东的身份加入
2008 年	Theo Müller 集团进入以色列、捷克和罗马尼亚市场
2009 年	进入波兰市场
2010 年	为了扩大在熟食市场上的业务，Theo Müller 集团通过资本整合成为 HK FOOD 的大股东
2013 年	收购怀斯曼乳品公司 Robert Wiseman Dairies 位于英国什罗普郡 Shropshire 的 Minsterley 工厂。在英国马基特德雷顿 Market Drayton 地区开设新的黄油厂
2015 年	由 Müller UK & Ireland 收购英国 Dairy Crest 的乳制品业务
2016 年	Culina 收购物流公司 Great Bear Distribution Limited
2019 年	通过进一步的战略性收购，Culina 集团成为欧洲食品运输的市场领导者之一

油、UHT 牛奶、酸奶、乳糖和乳清蛋白。收购的企业产品主要是酸奶、奶酪。牛奶生产中的副产物也用来生产生物乙醇燃料。除了乳制品外，包装公司、物流公司和欧洲最大的水果加工公司之一也是该集团的一部分。Theo Müller 集团旗下还有便利食品领域的产业，产品范围包括冰鲜美食、沙拉、酱汁和鱼类等。

1.3　公司市场定位

　　Theo Müller 集团各业务板块、各子公司经营相对独立、互为补充，但总体上均建立了以消费者为中心的营销模式。Theo Müller 集团要求在每个国家市场中的品牌都能够将服务消费者放在第一位，要努力了解消费者的购物态度、生活方式和愿望，然后再做出满足这些需求的决策。比如，要充分认识消费者越来越多地考虑购买什么，如何制造这些产品，产品营养益处有哪些，如何包装以及实现其所代表的价值等。

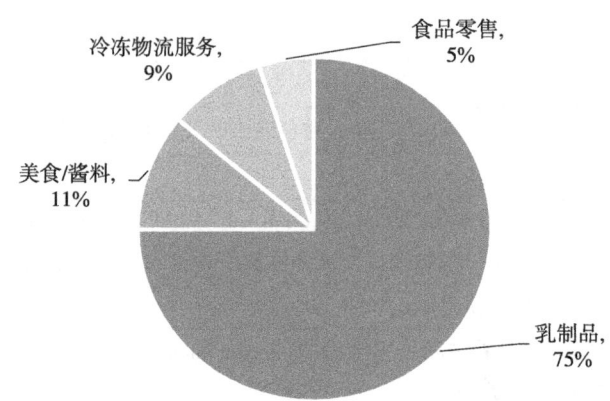

图 1　Theo Müller 集团 2020 年各业务营业额占比
（数据来源：Theo Müller 集团官网）

基于消费者的需求和市场趋势，本着"make it happen（创造可能，成就未来）"的企业文化，结合私有制的企业结构，Theo Müller 集团做出市场决策的速度很快，这也说明了其能在短时间内发展迅速，接连通过新建厂和企业并购达到不断扩张的原因。Theo Müller 集团的下一步目标是加强在乳制品和熟食业的核心品牌领导地位，并使自有品牌的乳制品和配料产品的制造工艺保持世界先进水平，同时对目前尚未涉足的高增长领域继续进行扩张，探索新的增长途径。

1.4　公司品牌营销

德国的体育业务非常发达，体育项目水平均较高，尤以足球闻名全球。在这种体育文化背景下，德国企业不仅普遍关注体育发展，也希望将体育文化和企业形象联系起来。Theo Müller 集团在其品牌营销上，就曾多次邀请体育明星加盟代言。早在 1977 年，Theo Müller 集团就发现其产品对运动粉丝和专业足球员具有较高的吸引力，于是同名的足球员 Gerd Müller 成为其品牌代言人，Müller 品牌在电视广告、传统媒体、街边广告牌上做起了宣传。1988 年，Theo Müller 集团成为第一个与德国国家足球队签订推广合同的品牌产品生产商，当时的球队里有传奇人物弗兰茨·贝肯鲍尔，而德国于 1990 年赢得了世界杯，也意外地、极大地扩大了 Müller 品牌的影响力。2005 年，德国国家队 3 名教练被邀请宣传瓶装饮料 Müllermilch，Müller 也同时成为 FD21 青年足球项目的主要赞助商。

1.5 公司品牌理念

Theo Müller 集团旗下的 20 多个子品牌在 Müller 母品牌的引领下（表 2）建立了各自的品牌营销途径，它们各有自己的性格、优势和粉丝。如 Müller 母品牌一直倡导 "Adding taste to life（为生活增添品味）"；而子品牌 Weihenstephan 则强调 "Attention to every detail（在意每个细节）"，代表着精致和特殊护理，迎合了德国人追求细节的品位，因此 Weihenstephan 的核心产品 UHT 牛奶每年售给了超过 1.3 亿的消费者，覆盖了 52% 的德国家庭；子品牌 Sachsenmilch 的承诺是 "像家一样的味道"，Sachsenmilch 工厂是欧洲最现代化的乳制品厂，每年收购原料奶约 18 亿千克，在高度自动化的工厂中加工出 UHT 奶、奶酪、酸奶、黄油、涂抹酱、甜品、乳清粉、生物乙醇燃料等 60 多种产品，多样化的产品频频出现在居民家中，是德国东部地区最成功的品牌之一；子品牌 Loose 奶酪宣称 "真正的德国传统奶酪"，强调德国奶酪传统文化的传承，为产品增添了德国文化的生命力。根据德国 John Dunham and Associates（JDA）研究机构于 2020 年 4—6 月在 18～69 岁的 673 名消费者群体中进行的德国乳制品品牌熟悉度调查结果（图 2），34% 的受访者表示他们知道 Müller 品牌，23% 的受访者表示他们知道 Weihenstephan 品牌，Theo Müller 集团旗下的这两个品牌分别位于熟悉度前两位。

表 2　Theo Müller 集团旗下的主要品牌

分类	业务范围	品牌名称及归属地
第一类	乳制品业务	全球：Müller 英国和爱尔兰：Müller Yogurt & DessertsMüller、Müller Milk & Ingredients 德国：Sachsenmilch、Weihenstephan、TMA、Loose、Rusack、Bönsel、Harzbube 荷兰：Almhof 捷克：Pragolaktos
第二类	沙拉/酱料	德国：Homann、Nadler、Rügen Feinkost、Hamke、Pfennigs、Hopf 波兰：Lisner、Nordfish、Nordsee
第三类	食品销售	波兰：Nordsee
第四类	冷冻物流服务	德国：Culina Group、Great bear FTA、Optipack、Müller Naturfarm、Emhage 英国和爱尔兰：Culin Logistics

而在英国，Müller UK & Ireland 加强了营销活动，主打 "送货上门"，提升了一流的客户服务，Milk & More 向英格兰的 500 000 家居民提供牛奶、面包、水果和培根等日常必需品，消费者只需早上 7 时前在网站上订购自己想要的食品，而且还不用受送餐服务的噪音打扰，因为 Milk & More 要求送餐员使用节油且安静的电动汽车，这些得到了英国民众较高的认可。

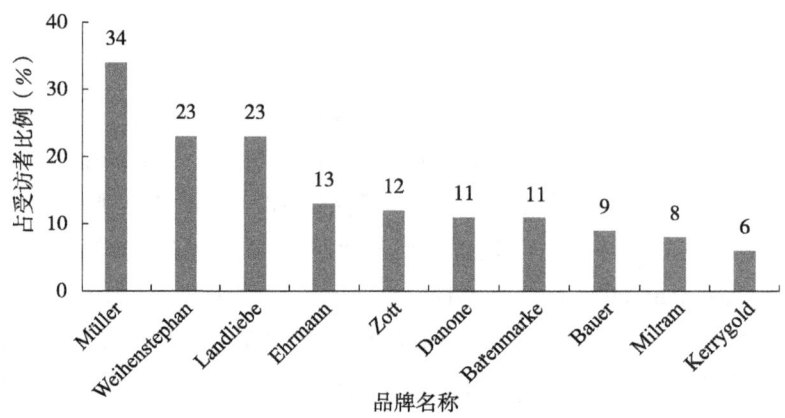

图 2 2020 年德国乳制品品牌熟悉度调查结果
（数据来源：John Dunham and Associates；IMK GmbH）

1.6 公司经营状况

据荷兰合作银行 2020 年 8 月发布，2019 年 Theo Müller 集团的乳制品业务年营业额达 49 亿美元，居"全球奶业 20 强企业"排行榜的第 20 位（表 3）。自 21 世纪 10 年代以来，Theo Müller 集团于 2011 年首次入围"全球奶业 20 强企业"排行榜，位列第 18，之后除了 2015 年排名处于历年来最佳的第 15 位，其余年份均在第 18～20 位之间徘徊。而相比于整个欧洲，2019 年 Theo Müller 集团的乳制品营业收入位列第 10 位，与欧洲乃至世界排名第一的瑞士雀巢相比，Theo Müller 集团的乳制品营业收入仅为雀巢的 22%。相比于德国，Theo Müller 集团的乳制品业务在德国排第 2 位，与德国的第一大知名乳品企业 DMK 相比，其营业收入为 DMK 的 75%（图 3）。

表 3 Theo Müller 集团 2011—2020 年乳制品业务营业额及在全球排名

时间	全球排名	趋势	营业额（十亿美元）
2011 年	18		4.6
2012 年	20	↓	4.2
2013 年	18	↑	5.0
2014 年	20	↓	5.1
2015 年	15	↑	5.6
2016 年	19	↓	4.9
2017 年	18	↑	5.1
2018 年	20	↓	5.1
2019 年	20	→	4.9
2020 年	20	→	5.1

注：营业额为估计值；数据来源于荷兰合作银行。

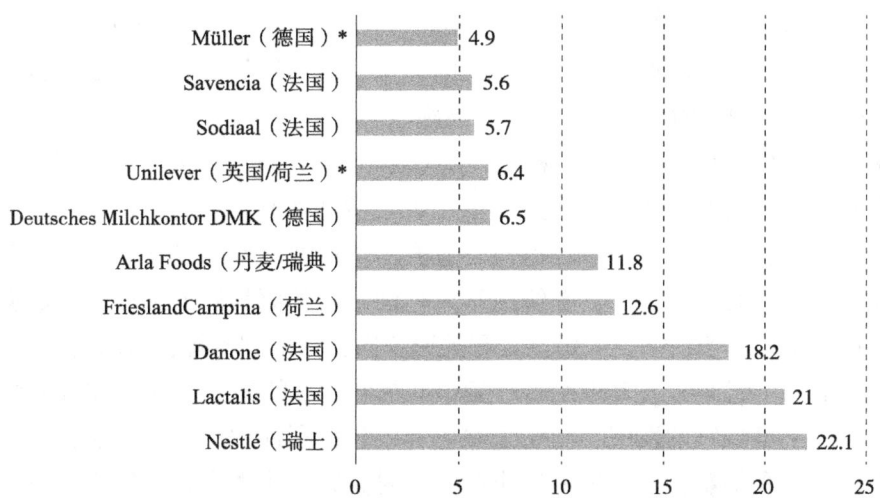

图 3　2019 年欧洲主要乳品企业的乳制品营业收入（十亿美元）

注：* 营业额为估计值；数据来源于荷兰合作银行。

2 与奶农的利益联结机制

2.1 Theo Müller 集团与奶农的合作模式

Theo Müller 集团一般情况下不雇佣奶农，也不拥有农场，原料奶主要来源于对当地合作农场的采购，在英国 Theo Müller 集团甚至购买了英国农场全部所产牛奶的 1/5，因为如何与奶农打交道是 Theo Müller 集团工作内容的重要组成部分。为此，Theo Müller 集团建立了自己的工作流程，以确保未来可持续的牛奶供应，Theo Müller 集团从合作农场处采购高品质的原料奶，并与奶农多年来建立诚实的工作关系。所有原料奶被运送到乳品厂后，要经过奶罐称重和严格的实验室质量测试。如果感官指标、乳糖、乳蛋白质、乳脂肪含量以及原料奶的 pH 水平和冰点等相关化学和微生物指标都达标，则可转移至大的冷冻罐中投入到继续生产中。

2.2 Theo Müller 合作模式下的双方利益保障

基于 Theo Müller 集团以服务消费者为中心的品牌理念，集团从世界各地众多供应商处采购原料、配料、包装和产品都须遵守严格的条款和条件，以确保整个供应链都符合消费者严格的标准。在整个供应链中，实现盈利增长和可持续运营之间的正确平衡至关重要。因此，在与奶农的合作中，Theo Müller 集团不仅关注奶农是否经营成功和取得进步，还积极主动地解决诸如供应链合作、负责任的采购、鼓励提高动物福利标准和减少环境影响等领域的问题，主要措施如下：

一是向农场提供有竞争力的原料奶收购价格，Theo Müller 集团提供领先的牛奶供应合同和有竞争力的原料奶固定收购价格，奶农还可将部分牛奶产量与固定价格和期货合约进行比较，来减少动荡市场给他们造成的价格波动性。二是合作的关键信息公开，奶农可使用专有的会员门户在线网站，查询最新的原料奶关键信息和数据，包括牛奶供应量、牛奶质量结果、牛奶报表和关键合同文件的副本等，以获得公平、公正、公开的合作信息（图4）。三是鼓励畜群健康和福利标准的提升，Theo Müller 集团为了实现更好的、更可持续的发展，制定了农场健康和福利评估计划，要求合作奶农需提高奶牛群体健康和福利标准，比如禁止在农场对健康的小牛实施安乐死，减少不必要的抗生素药物使用计划等，只有做出承诺并满足要求的农场才能获得每升原料奶额外1.0便士的奖励。四是帮助农民提高生产技能，Theo Müller 集团为农民提供所需的工具和支持，以解决一系列奶农关心的至关重要的问题，比如牛奶供应方面的操作和技术、牛奶质量保证和合同履行等问题。五是减少饲料种植基地造成的森林破坏，Theo Müller 集团计划到2025年，与之合作的农场100%使用规定来源的饲料，从而减少为获取饲料而对森林砍伐造成的影响，同时与农业创新与研究机构合作，紧握发展机遇，解决农业内部的环境问题。六是使用规范的工作标准和系统，Theo Müller 集团为第三方合作伙伴提供服务和指导，推动其在供应链中的合作企业均使用规范的伦理标准和系统，以确保他们符合所有相关的道德和环境规范。

图4　奶农专有的会员门户在线网站登录界面

特别值得推广的是，在欧洲很多国家尤其是英国，继承奶牛场依然是一个难以处理的问题，为此，Theo Müller 集团开展了"Müller 下一代计划"，以积极发展和提高农民下一代的生产技能。"Müller 下一代计划"是指在 Theo Müller 集团的全力支持和资助下，为立志于继续从事家庭农场的农民下一代提供从基准测试、市场分析到业务技能改进的定制培训，并将学习内容在自己的家庭牧场日常运营中加以运用，以便帮助有抱负的年轻农民提升生产技能，发展自己的事业，促使他们为将来成功发展乳业而努力。

3 对中国奶业发展的启示

3.1 制定稳定、公平的原料乳采购政策

Theo Müller 集团在原料乳采购过程中，向农场提供了有竞争力的收购价格，价格制定时还比较了期货合约，从一定程度上减少了因市场动荡造成的价格波动风险。同时，Theo Müller 集团的会员门户在线网站也披露了原料奶采购的关键质量信息和交易信息，数字化处理大幅提高了多方合作的透明度。而在我国，虽然很多地区已经实行"按质论价"的收奶方式，但原料奶的交付信息还不够透明，交付价格是收购乳品企业根据市场经营情况单方制定，且多是先交奶后付费，即奶农在交奶时并不知道当时的结算价格，因此需要继续探索符合国情、科学合理、公平公开的原料奶收购机制，采取相关措施提高原料奶交付价格和质量等信息的透明度，进一步规范生鲜乳购销行为。

3.2 注重培养优秀的牧场接班人

在欧洲，继承也是农场面临的一个关键问题。Theo Müller 集团为打造与农场长远的、紧密的合作关系，格外注重培养优秀的"牛二代"。"Müller 下一代计划"就是 Theo Müller 集团全力支持和资助的一项长期计划，通过集中学习和交流，帮助年轻农民获得运营牧场所需的知识、技能和人脉，提高"牛二代"的养殖兴趣和实践技能，从而有利于牧场的持续发展和 Müller 集团的奶源稳定。当下在我国，很多年轻人不愿从父辈手里继承家庭牧场，或者学生不愿报考畜牧专业，而我国正处于农业生产模式的转型期，大型农场和家庭农场的兴起需要一大批既对农业生产有着深厚的兴趣，又掌握先进技术，同时有农场管理实践经验的知识青年。所以，政府主管部门、高校教育机构、乳品企业和牧业单位等应注重引导和培养人才，通过开展多种形式的人才系

列教育计划和交流活动，培养牧场接班人的兴趣，在学习中提供社会的正面教育引导，让"牛二代"及有志投身于奶业的年轻人对行业有着较为清晰的认识和对自己从事奶业的未来发展有较为明确的定位，做到人才既进得来，更能留得住。

3.3 建立可持续的奶业发展体系

如何保证可持续性发展，是企业在已领先领域中保持长久竞争力的基础。Theo Müller集团率先制定了规范的供应商工作标准和系统，从环境影响和动物福利等诸多方面进行风险评估，确保全球各基地购买的原料都符合严格的质量安全标准和生态环保要求，以维持奶源供应的稳定性和可持续性，帮助当地建立可持续的奶业发展。随着更高生产水平的实现，Theo Müller集团还采取多种措施，促进奶业发展与环境保护之间的平衡稳定，致力于建立可持续发展模式，设立了多项发展目标，比如：计划到2050年实现碳净值为零，绝对碳足迹将减少40%；实现减少50%的食物浪费和损失；相对用水量到2025年减少15%；减少乳制品包装塑料的使用，并尽可能回收利用，到2025年实现所有包装都将100%可回收，可重复使用或可堆肥；酌情使用新的燃料类型和能源混合的送奶车辆等。近年来，奶业已经成为健康中国和现代化强国的标志性产业，奶业的发展动力、方向、模式都在发生着深刻的变化，未来产业链上的相关企业应不断提升发展的质量和效益，用尽可能低的资源能源消耗，获得尽可能高的效益，实现可持续发展，共同探索中国乳业绿色、健康、高质量发展的长远新道路。

参考文献

彭华，王晶晶，彭蕾，2020. 2019年奶源形势分析及2020年展望[J]. 中国乳业 (1): 9-13.

雀巢

Nestle

- 总部：瑞士
- 成立时间：1866 年
- 企业性质：私营企业，全球性综合性食品加工企业
- 2020 年乳制品销售额：208 亿美元
- 2021 年"全球奶业 20 强企业"排行榜：No.2

雀巢公司（Nestle）于1866年创办，总部设在瑞士日内瓦湖畔的韦威（Vevey），是由创始人亨利·雀巢（Henri Nestle）以自己名字为品牌命名。雀巢公司是世界上最大的食品制造商，在全球拥有500多家工厂，业务遍布全球一百多个国家和地区。公司以生产婴幼儿食品起家，依靠巧克力棒和速溶咖啡迅速占领市场，目前在乳制品及婴幼儿营养品、咖啡、饮品、巧克力和糖果、冰淇淋、食品工业原料、专业餐饮以及宠物食品行业中拥有众多业务分支和知名品牌。2021年，雀巢公司以208亿美元的销售额位居荷兰合作银行发布的"全球奶业20强企业"排行榜第2名。

自公司成立以来，雀巢公司一直秉承着"Good Food, Good Life（好食品，好生活）"宗旨，让消费者通过享受"味道好极了"的食品而享受到超过食品价值本身的美好生活和美好情感。在以"创造共享价值"为基石的经营理念下，雀巢公司的国际化扩张来源于帮助不同国家的本土奶农强化技术及提升当地乳制品产量，其坚持可持续发展和尊重各国特色与文化的发展理念，使雀巢公司成为全球最具多样性的食品公司。本内容基于雀巢公司官方网站资料，分析该集团发展现状、经营策略及其与奶农利益联结机制，并提出值得我国借鉴的经验。

1 公司发展

1.1 发展历程

雀巢公司成立于1866年，总部位于瑞士韦威（Vevey），是全球知名的食品饮料公司，致力于提供营养、健康和幸福生活。公司以生产婴幼儿食品起家，一战后依靠生产巧克力棒和速溶咖啡闻名遐迩。发展初期，雀巢通过合并英瑞炼乳公司和收购美国、澳大利亚的加工工厂，将业务延伸至炼乳、灭菌乳、奶粉、巧克力等领域，成为五大洲都有牛奶工厂的跨国公司。20世纪初至20世纪90年代，雀巢陆续收购了瑞士最大巧克力公司Peter-Cailler-Kohler、瑞士调味品公司Alimentana、法国酸奶生产商Chambourcy、美国三花公司、英国糖果公司Rowntree Machintosh等企业，成功将产品线拓展至方便食品、饮用水、宠物食品、药品及化妆品等领域，并将雀巢公司正式更名为雀巢集团（表1）。20世纪90年代至今，雀巢并购了世界各地250家企业，这其中囊括了中国广东冰淇淋品牌广州五羊、上海福乐食品、上海太太乐、惠氏奶粉、

雀巢（Nestle）

表1 雀巢公司的发展历程

年份	主要事件	
1866年	美国兄弟查尔斯和乔治·佩奇（Charles and George Page）一起建立了英瑞炼乳公司。他们利用瑞士供应充足的生鲜奶，运用在其母国所学到的知识在卡姆建立了欧洲第一家炼乳生产工厂。他们开始以"挤奶女工"的品牌向欧洲工业城市供应产品，并以一种安全的、可以长期保存的鲜奶替代品定位进行营销宣传	
1867年	亨利·雀巢（Henri Nestlé）在瑞士韦威研发了一种突破性婴幼儿食品——"farine lactée"。产品结合了牛奶、面粉和糖，主要是用于无法进行母乳喂养的婴幼儿，解决高死亡率问题。大约也是在这个时候，他开始使用标志性的"鸟巢"标志	
1905年	英瑞和雀巢合并，组成了雀巢英瑞牛奶公司。公司有两个总部，分别位于韦威和卡姆，并在伦敦开设了第三家办事处，以推动乳制品的出口销售。数年来，公司不断扩大其业务范围，又增加了无糖炼乳和灭菌乳产品	
1916年	雀巢英瑞公司收购了挪威的乳业公司Egron，当时Egron已经获得喷雾干燥工艺生产奶粉的专利，雀巢英瑞公司作为新主人开始销售这种产品	
1917—1918年	"一战"爆发导致对炼乳和巧克力的需求增加，但原材料的短缺和限制跨境交易阻碍了雀巢和英瑞的生产。为了解决这个问题，公司收购了美国和澳大利亚的加工工厂，并在战争结束时拥有了40家工厂	
1929年	公司收购了瑞士最大的巧克力公司Peter-Cailler-Kohler，该公司可寻根追溯至1819年，当时弗朗索瓦·路易斯·卡耶（François Louis Cailler）创建了全国第一家巧克力品牌之一——凯雅（Cailler）。巧克力如今成为雀巢英瑞公司业务的一个组成部分	
1934年	麦芽巧克力饮料Milo在澳大利亚推出，该款产品的成功使其后来出口到其他市场进行销售。两次世界大战之间，公司继续开发婴幼儿食品，并于1934年推出了富含乳酸菌的全脂婴配粉——Pelargon以帮助消化	
1938年	雀巢咖啡作为保留咖啡天然风味的"纯咖啡粉末提取物"被推出，简单注入热水进行冲泡即可饮用。这款产品是马克思·莫根特尔（Max Morgenthaler）的心血结晶	
1942—1945年	"二战"初期，雀巢咖啡的销售有所减缓，但随着战事的进行又得以恢复。美国加入战争之后，雀巢品牌在美军中迅速受到欢迎。战争结束后，美国援外合作署对日本和欧洲的援助物资中也包括了雀巢产品。雀巢茶品（Nestea）于20世纪40年代末推出	

(续)

年份	主要事件	
1947 年	雀巢英瑞公司合并了主要生产美极汤料、肉汤和调味料的瑞士 Alimentana 公司，并更名为雀巢 Alimentana 公司。Alimentana 的历史可以追溯到 1884 年，当时朱利亚斯·美极（Julius Maggi）开发了富含蛋白质的干燥汤料来应对营养不良问题	
1960 年	随着越来越多的家庭购买冰柜，人们对冰淇淋的需求也不断上升。为了顺应这一增长趋势，雀巢公司收购了德国的 Jopa 和法国的 Heudebert-Gervais，并于 1962 年将瑞士品牌 Frisco 揽至旗下。公司还收购了英国罐头食品公司 Crosse & Blackwell	
1960—1976 年	雀巢拓展冷冻食品业务，先后收购了 Findus 速冻食品品牌、法国酸奶生产商 Chambourcy、美国冷冻食品公司 Stouffer 公司、罐装食品生产公司 Libby, McNeill & Libby。这一时期，雀巢还收购了法国饮用水品牌"伟图"（Vittel）的股份，由此进入了矿泉水领域	
1974 年	雀巢公司第一次超越食物和饮料领域进行多样化经营，成为国际化妆品公司欧莱雅的小股东	
1977 年	更名为雀巢公司，继续多样化发展战略，收购了美国药品和眼科产品制造商爱尔康眼科公司	
1980 年代	雀巢和欧莱雅成立了合资企业高德美公司，进行皮肤产品经营。这一时期，雀巢公司还以 30 亿美元的价格收购了美国的三花公司，将三花和"咖啡伴侣"等品牌加入产品组合中；收购"喜跃"（Friskies）品牌进入了宠物食品业务；收购英国糖果公司 Rowntree Mackintosh，将奇巧（KitKat）、After Eight 和 Smarties 等品牌增加到其产品系列中；收购意大利面条、调味酱和糖果公司 Buitoni-Perugina	
1990 年代	雀巢与通用磨坊公司和全球谷物联盟有限公司建立了合资企业，在全球范围内生产和销售早餐谷类食品。这一时期，雀巢还与可口可乐公司建立了合资企业，生产和销售的品牌包括雀巢冰爽茶。此外，雀巢还收购了法国巴黎水（Perrier）公司。1993 年，雀巢成立了 Nestlé Sources Internationales 独立运营的水业务公司，2002 年更名为雀巢水。1994 年雀巢收购了上海太太乐 80% 的股份。1998 年雀巢收购了意大利矿泉水业务：圣培露公司。为保证饮用水的洁净和健康，雀巢在发展中国家推出了"深泉"品牌，2 年后 Aquarel 在欧洲面世	

雀巢（Nestle）

（续）

年份	主要事件	
2000年	雀巢可持续性农业行动（The Sustainable Agricultural Intiative Nestlé, SAIN)）推出，以增进与当地农民的合作。旨在提高他们的生活水平并确保以可持续性供应商品	
2000年代	雀巢收购了美国普瑞纳宠物食品，并将"喜跃"业务与之合并。这一时期，雀巢拥有了高端冰淇淋制造商哈根达斯在美国和加拿大的经营权，并于2003年购买了"莫凡彼"和"德雷尔"冰淇淋品牌。同时，雀巢还以26亿美元收购了Chef America的冷冻食品业务。在营养领域，雀巢收购了诺华医学营养公司以及婴幼儿食品公司嘉宝（Gerber）。2006年，雀巢收购了体重管理公司Jenny Craig和澳大利亚早餐谷物食品公司Uncle Toby's。2007年，雀巢还收购了瑞士矿泉水公司Sources Minérales Henniez	
2006年	雀巢阐明了"创造共享价值"的经营方针，为股东创造价值的同时也必须为业务所在的社区和整个社会创造价值	
2010年	雀巢公司收购了卡夫食品公司的冷冻披萨业务。公司还推出了"雀巢可可计划"和"雀巢咖啡计划"来开发公司的可可和咖啡可持续供应链、提高农业社区的社会条件并确保其盈利能力	
2011年	雀巢正式宣布以17亿美元收购徐福记60%的股份，成为徐福记的控股股东。到目前为止，徐福记已经成为雀巢的下属品牌	
2012年	雀巢以119亿美元的价格收购前身为辉瑞营养品的惠氏营养品公司，以巩固其在婴幼儿营养品领域的位置	
2013年	雀巢健康科学公司收购了美国医学食品公司Pamlab，该公司在提供适用于轻度认知缺损、抑郁症方面医学营养品拥有专长。体重管理业务Jenny Craig在美洲和大洋洲销售	
2015年	作为超高端巧克力，雀巢将现存最古老的瑞士巧克力品牌"凯雅"首次推广至全球。出售法国冷冻食品Davigel	
2018年	2018年，雀巢以71.5亿美元收购了星巴克的零售咖啡业务	

嘉宝公司、厦门银鹭、徐福记、瑞士矿泉水 Sources Minerals Henniez 等公司。目前，雀巢公司在全球拥有超过 2 000 个品牌以及 500 多家工厂，涉及婴幼儿营养、饮用水、咖啡、宠物食品、乳制品、健康科学、冷冻食品、调味品等领域，是世界最大的食品制造商。截至 2020 年，雀巢公司拥有 27.3 万名员工，其产品销往 186 个国家。

回顾雀巢公司的发展轨迹，并购基因深植于它的血液，旗下超过一半知名品牌都是由此获得。

1.2 在中国的发展

早在 1908 年，雀巢公司就已进驻中国，并在上海开设了第一家销售办事处。20 世纪 80 年代初，雀巢开始与中国政府商谈在中国投资建厂，1990 年，雀巢在中国大陆的第一家合资厂开始运营，随后又建了多家工厂。

目前，雀巢在国内运营 23 家工厂、3 个研发中心（北京、东莞、深圳）和 4 个创新中心（上海、青岛、泰州和天津）、1 个奶牛养殖培训中心（黑龙江双城）、1 个雀巢咖啡中心（云南普洱）、1 个食品安全研究院（北京）、4 个客户交流中心，并拥有超过 2.6 万名员工。其在中国的发展如表 2 所示。

表 2　雀巢公司在中国的发展历程

时间	主要事件
1874 年	在香港开始贸易活动
1908 年	在上海开设销售办事处
1987 年	在黑龙江双城建设在华的第一个奶区
1988 年	雀巢决定支持云南咖啡产业发展
1990 年	在黑龙江双城开设在华第一家工厂，生产奶品
1993—2006 年	陆续建设 16 家工厂，满足不断增长的消费需求
1999 年	与太太乐食品成立合资公司
2001 年	与豪吉成立合资公司
2002 年	在北京设立大中华区总部
2007 年	在北京开设研发中心
2011 年	由雀巢公司发起、北京大学等单位联合完成的母乳营养成分调查，即"明研究"正式启动。同年，雀巢健康儿童全球计划在华启动
2012 年	雀巢与徐福记成立合资公司，完成对惠氏营养品的全球收购。同年，雀巢在云南的咖啡种植工作获得由联合国开发计划署等单位共同主办的"世界商业和发展奖"
2014 年	雀巢奶牛养殖培训中心在黑龙江落成
2016 年	雀巢咖啡中心在云南普洱启用
2018 年	泰州新工厂竣工，该厂生产雀巢健康科学产品
2019 年	雀巢北京研发中心新址亮相及雀巢深圳系统技术中心宣布正式成立
2020 年	雀巢在黑龙江双城奠基雀巢谷物能力中心。同年，在天津落成植物基产品生产线

1.3 业务范围

雀巢旗下的业务范围十分广泛,主要包括咖啡、饮用水、乳制品、营养品、宠物食品、调味品等(表3),各类业务营业额及占比见图1。

表3 雀巢公司各产品品牌及营收情况

产品类别	品牌	2020年营收情况
粉末冲剂饮品	NESCAFÉ、Dolce Gusto、NESPRESSO、星巴克、BLUE BOTTLE COFFEE、CHAMELEON、MILO、Nesquik、Nestlé、SPECIAL.T	营业额为245亿美元,占总营业额26.4%,包含雀巢咖啡、星巴克、可可麦芽类饮品以及美禄
宠物营养保健	Friskies、PRO PLAN、Beneful、ONE、DOG CHOW、Fancy Feast、felix、GOURMET、Tails.com、LILY'S KITCHEN	营业额为155亿美元,占总营业额16.6%,主要业务为普瑞纳及其附属产品
营养及健康科学	NAN、illuma、Gerber、S-26、Nestum、Materna、Cerelac、BEBA、LACTOGEN、Nestlé HealthScience、Boost、Meritene、PreNourish、Garden of Life、pure encapsulations、persona、almmune、VITAL PROTEINS、Zenpep、BH HealthScience	营业额为135亿美元,占总营业额14.4%,主要产品为雀巢能恩系列奶粉、惠氏营养系列、谷物早餐系列等
速食及调味品	Maggi、Stouffer's、Original Wagner、THOMY、Lean Cuisine、LIFE CUISINE、DiGiorno、CHEF、MINOR'S、SWEET EARTH、Garden Gourmet、太太乐、HOT POCKETS、freshly	营业额为127亿美元,占总营业额13.7%,主要品牌为美极、Stouffer's、DiGiorno、太太乐等
乳制品	NIDO、LC1、La Laitière、Coffee mate、ICE CREAM、Nestlé、Häagen-Dazs、MÖVENPICK、Carnation	营业额为122亿美元,占总营业额13.0%,主要品牌为Nido、咖啡伴侣、哈根达斯等
甜食	Nestlé、KitKat、Cailler、TERRAFERTIL	营业额为77亿美元,占总营业额8.3%,主要品牌为雀巢威化、Kitkat、徐福记等
矿泉水	Nestlé Pure Life、S.PELLEGRINO、Vittel、Perrier	营业额为64亿美元,占总营业额7.6%,主要品牌为雀巢矿泉水、S.Pellegrino、Perrier

目前,雀巢自有品牌的乳制品主要包括植物基乳制品、全脂/脱脂牛奶、咖啡奶精、冰淇淋、炼乳、奶油、奶粉、淡奶、冰品奶基底、布丁粉等。收购的企业产品主要是冰淇淋公司的产品,包括哈根达斯和莫凡彼。

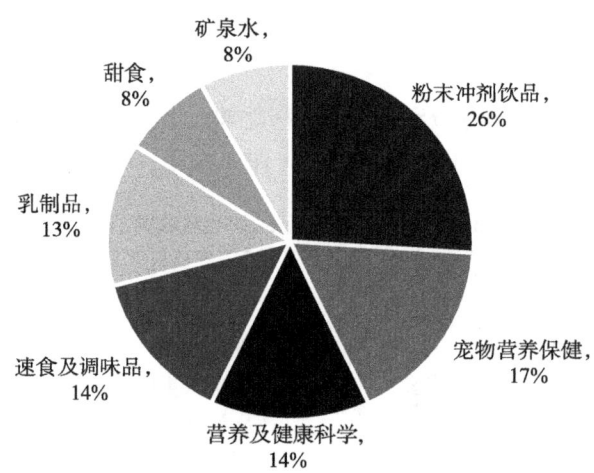

图 1　雀巢公司 2020 年各业务营业额占比

1.4　公司经营情况

据雀巢 2020 年度报告显示，2020 年，雀巢公司营业额为 931 亿美元，其中乳制品及冰淇淋业务营业额为 121 亿元，占总营业额的 13.2%（图 2）。

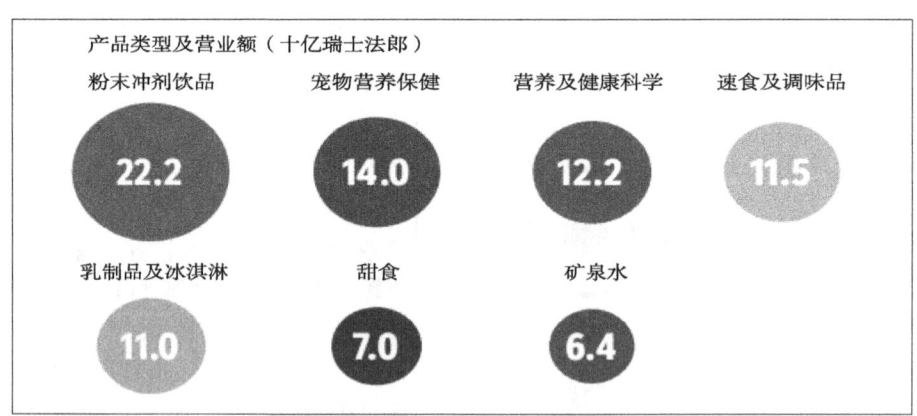

图 2　雀巢各业务板块营业额

从 2011 年至今，雀巢在全球的营业额虽然趋于减少，如图 3 所示，但始终位居全球乳品企业第一名。自 2012 年开始，雀巢乳制品营业额每年都有所减少，由 2012 年的 301 亿美元减少到 2019 年的 221 亿美元。近几年，排名第二的兰特黎斯其营业额与雀巢公司之间的差距逐渐缩小，差值由 2012 年的 121 亿美元缩小到 2019 年的 11 亿美元。

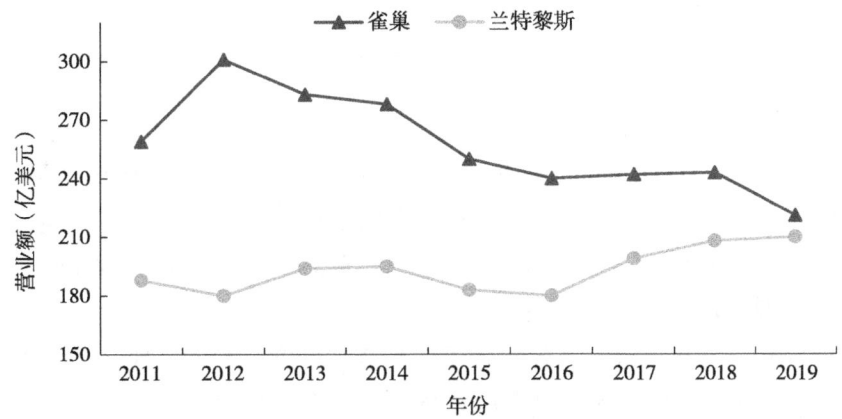

图 3 2011—2019 年雀巢和兰特黎斯营业额对比
注：图中乳制品营业额包含但不限于牛奶及冰淇淋业务。

1.5 品牌经营理念

1.5.1 以可持续发展为基石的环保公司

联合国将可持续性发展定义为："在不损害后代满足自身需要能力的基础上，满足当前需要的发展模式。"作为坚持可持续性发展的食品企业，雀巢公司以 92 分（满分 100）的高分获得了经济性、环保性、社会性三个方面的行业最佳。

气候变化是目前社会面临的最大挑战之一，也是奶业未来面临的最大风险之一。农业所产生的温室气体占雀巢总排放量的近三分之二，其中奶业和畜禽业约占其中一半。牛奶是营养物质的绝佳来源，因此大幅降低奶业的碳足迹是重中之重。

2020 年，雀巢制定了到 2050 年实现净零碳排放路线图，其目标是减少奶牛在消化过程中产生的甲烷，使用当地可持续方式生产的饲料饲喂奶牛，改善粪便管理，加强草场管理，优化牛群结构以确保动物健康和福利以及扩大可再生能源的使用。在全球范围内，雀巢的奶源采购团队也在通过自身的技术为各地牧场实现减排。2021 年，雀巢将在全球各地区 9 个新的净零碳排放试点农场开展工作，学习和推广最佳奶业实践。

净零碳排放任务以十年行动为基础，从现在到 2025 年，雀巢将实现减排 20%，到 2030 年减排 50%，最后到 2050 年，实现净零。

为了实现这些目标，雀巢正在对农业、公司经营模式和产品进行变革，包括：在未来 10 年每年种植 2 000 万棵树木，与农民合作转向以再生方式种植食品成分，到 2022 年结束主要供应链中的森林砍伐，到 2025 年在其运营的 187 个国家/地区完成向 100% 可再生电力的过渡以及增加"碳中和"品牌的数量。

1.5.2 创造共享价值（CSV）是公司基本原则

作为全球食品行业的重要生产商，雀巢遵循当地农业生产特点，尊重居民消费模式，在"创造共享价值（CSV）"理念基础上，开发出适合不同群体消费需求的产品，扩大食品的供应，并由本土的管理团队根据各国市场的需求进行业务调整。这一点在咖啡及乳制品两个产业尤为明显。在 CSV 理念的经营管理下，各地的咖啡种植及乳制品生产在品质和数量上都有了显著的提升。

早在 2008 年，雀巢正式向外界宣告了"创造共享价值"这一理念（图 4）。该理念认为，企业的竞争力与社区的健康发展息息相关。企业可以从"共享价值"的角度去重新构想自己的产品，比如增加营养、加强金融安全、减少环境破坏等。雀巢公司相信，公司要获得业务的长期成功，不仅要为股东创造价值，同时更要为包括公众、消费者、环境等各个方面在内的社会创造价值。所以，雀巢的发展原则是，不在行业内进行纵向并购，也不介入原材料生产，而是选择帮助原材料的供应商和农户改进技术、提高产量。正如雀巢前董事局主席包必达所言，"如果我们为企业建一座金字塔，最顶端的是'创造共享价值'，下层的基石就是'可持续发展'。"

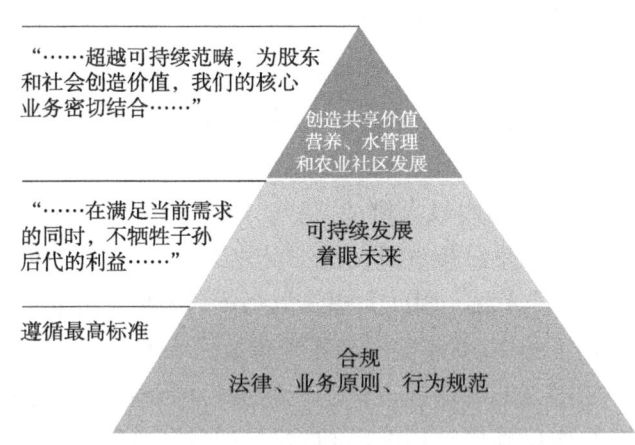

图 4 雀巢"创造共享价值"的理念

为此，雀巢确定了可以为创造共享价值做出最大贡献的三个领域，即营养、水管理和农业社区发展。

在营养领域，自 2016 年以来，雀巢已推出超过 4 900 种面向准妈妈、新妈妈、婴幼儿和儿童的营养食品和饮料产品，例如植物性替代品，同期有 8 000 万名儿童受益于营养教育；在节水方面，自 2010 年以来，雀巢已将每吨水的水耗减少了 32%；在农业社区发展领域，雀巢将进一步拓展与奶农以及生产可可、棕榈油、糖和谷物的农户的合作来实施再生实践，以减少综合性投入、更好地管理土壤和植树造林等耕作方法都可以帮助减少大气中的二氧化碳、增强生物多样性并提高农场生产效率。

此外，雀巢还建立了包装研究院，致力于发现和开发功能可靠、安全和环保的包装解决方案。塑料污染问题，特别是海洋中的塑料污染，是全世界急需解决的问题。到 2025 年，雀巢希望实现 100% 的包装可循环利用或可重复使用。

2 与奶农的利益联结机制

2.1 公司与奶农的合作模式

牛奶是雀巢需求量最大的原材料之一，许多产品需要牛奶及牛奶衍生成分，其中包括乳制品和婴幼儿营养产品，以及冰淇淋、饮料和糖果。2020 年，雀巢 91% 的乳制品材料实现了可追溯，99% 的鲜奶实现了可追溯。

为了应对不同地区奶农的需求，雀巢提供两种互补的方法来可持续采购乳制品："Dairy for You" 合作模式和农业创业模式。

2.1.1 "Dairy for You" 合作模式

"Dairy for You" 合作模式的目标为不断提升各地区的牛奶质量、可追溯性、动物福利、环境足迹以及改善农业中女性和青年的就业环境。该模式下，公司将为各地区提供完整的牛奶可追溯性并确保食品安全；通过技术指导、实践提升奶农业务水平并改善动物福利；提升节水意识，督促本地乳企未来在乳制品价值链中实现净零，并使用可回收或可重复使用的包装。

每年，通过 "Dairy for You" 模式，雀巢培训奶农并支持他们采用提高生产力和收入的策略。2020 年，雀巢为超过 37 000 名奶农提供了技术援助。其中 3 600 人为女性，500 人为 30 岁以下青年。

2.1.2 农业创业模式

2020 年，来自 20 个国家的近 3 000 名奶农参加了雀巢的农业创业计划，其中 30 岁以下的青年有 380 多名。农业创业模式的目标是到 2030 年帮助全球 1 000 万年轻人通过农业获得经济收入。

新冠疫情的爆发让全世界多地区的奶农陷入财务危机。由于供应链陷入停顿，许多奶农无法将他们的产品推向市场。通过农业创业模式，雀巢帮助奶农充分利用其业务来改善奶农的经济条件，推动当地牛奶的可持续发展。

2.2 公司与奶农双方的利益保障

一直以来，雀巢致力于与全球奶农建立长期、可持续的伙伴关系，多途径加强与奶农的利益联结，保障奶牛养殖群体利益，推动奶业的可持续发展。第一，通过采用变革理论（Theory of Change），帮助当地奶农和牧场提升经济效益。雀巢的牛奶来自全球许多国家，在保证牛奶统一品质的前提下，雀巢根据牧场的规模、地理环境和发展水平，针对性开展服务和技术指导。针对收入低、技术相对落后的发展中国家，雀巢实行"Dairy for You"计划，每年为奶农提供畜群结构、饲养、饲料、防疫、配种等全过程服务和指导，并定期开展技术培训，帮助奶农提高奶牛单产和经济收入。为了保持当地奶业的可持续性，雀巢提出了"农业创业项目（Agripreneurship program）"，旨在为年轻的、有技术的奶农提供最先进的理念，帮助其牧场发展成为成功的企业。2019年，来自12个国家/地区的近3 000名奶农参加了该项目，通过该项目，奶农不仅能够发展自己的农场，还可以将培训传授给其他奶农，帮助当地建立可持续的奶业发展，确保奶源供应的稳定性和可持续性，提升当地牛奶品质。对于发达国家，雀巢与乳制品供应商开展"零排放"源头活动，以减少温室效应。2019年，雀巢和乳制品原料供应商Friesland Campina在荷兰和德国启动了为期两年的项目，通过碳足迹监控器追踪饲料生产、奶牛养殖、粪肥管理以及能源使用，以减少温室气体排放。同年，雀巢在瑞士和巴基斯坦启动"减少碳排放"试点项目，在瑞士的46个农场建立了排放基准，并制定了每个城市的减排线路图，该方法将于2020年推广到其余市场。第二，通过牛奶区域收集模式（Milk District Model），助力当地减少贫困，保障奶农收益。一直以来，雀巢坚持每年向当地奶农和牧场收购大量牛奶。在哥伦比亚，雀巢两个牛奶区的年产量为22.6万吨，每月雀巢向当地500个奶农支付约500万美元。在印度尼西亚，雀巢从1975年5月开始向当地合作社购买牛奶，如今，雀巢每天从27个地方合作社采购480吨新鲜牛奶（每年约141 000吨）。在巴基斯坦，超过135 000的奶农每年向两家雀巢工厂供应近50万吨的牛奶。进驻中国30多年来，雀巢的鲜奶年收购量持续稳步增长，每年收购20余万吨，仅黑龙江就有近24 000名农民将新鲜的牛奶运送到78个牛奶收集中心。截至2020年，雀巢为中国奶农和牧场支付鲜奶款共计175亿元，不仅让当地养殖从业者获得了长期稳定可靠的收入，也促进了当地农业和农业社区的可持续发展。第三，披露有关高风险产品采购的信息，提升行业透明度。目前，雀巢已经发布了15种原材料的直接供应商以及鲜奶供应商，还有上游地区和原产国以及采购总量的清单。通过科技手段，雀巢公司对从牧场到工厂的牛奶的可追溯性进行了数字化处理，以提高原奶数据的透明度。此外，雀巢率先执行在行业层面上统一披露和报告。据公司制定的《责任采购标准》，雀巢从动物福利、环境影响、奶农工作等方面进行风险评估，确保全球购买的牛奶无论产自哪里都符合雀巢严格的质量和安全标准及采购标准。第四，建立奶源基地和培训中心，定期开班教学，促进奶牛养殖向规模化、现代化、标准化发展。自1987年在黑龙江双城建设奶源基地后，雀巢又在青岛莱西和内蒙古呼伦贝尔地区建立奶源基地。目前，双城已发展成为全国奶牛第一县，莱西被政府评为"全国牛奶生产强县"。2014年，奶牛养殖培训中心在黑龙江双城落成，包括一个培训中心和三种不同形态的培训牧场及若干高科技实验室。中心与当地政府、投资者、奶农通力合作，传授现代化奶牛养殖和牧场管理的专业技能与知识，推动奶业现代化转型升级。

目前，雀巢已与世界各地60多万奶农建立了长期稳定的合作关系，为印度、哥伦比亚、墨西哥、巴基斯坦等国家提供了数以万计的奶业相关岗位，从全球30多个国家和地区采购超过1 200万吨鲜奶，并成为全球规模最大的牛奶公司。在为当地提供安全和高质量的牛奶供应链的同时，雀巢让全球发展中国家的奶牛养殖业进一步得到提升，为减少贫困和营养提升做出贡献。

3 对中国奶业发展的启示

3.1 融入当地，利用本地资源助力产业升级

一直以来，雀巢都非常注重在当地开发农业原材料。在全球范围内，雀巢的奶源采购团队通过合理运用本地原材料，帮助数千名小农户成长，助力牧场现代化升级。在中国，雀巢的运营同样采取了这一模式，如在黑龙江双城、山东莱西的奶区建设，以及以云南普洱为中心的咖啡种植项目，都获得了巨大的成功和高度的认可。通过建立一个健康、诚信、平稳发展的农业社区，农户的管理水平不断提高，最终会使雀巢的原材料质量更高，食品的安全更有保障，同时采购的成本也更加合理。

在我国，许多规模牧场仍然依赖于进口技术以及国外引种，不仅成本高昂，本地独特的资源也并未得到重视。双城没有得天独厚的优越环境，但通过合理、规范以及标准化的牧场管理、技术培训以及种质提升，实现了本地奶业转型升级。中国乳品企业，尤其是地方特色乳品企业，应充分利用不同地域的地理环境及人文优势，打造别具一格的乳品企业文化。

3.2 以可持续发展为核心，推动产业绿色前行

如何保证可持续性发展一直是雀巢极为关注的问题。作为首批公布净零碳排放路

线图的企业之一，雀巢携手全球的合作伙伴积极应对气候变化。在中国，雀巢已经构建起咖啡、牛奶、谷物等农业产品的可持续发展模式，将自身发展与农村发展、保障农户利益及环境保护相结合。仅雀巢青岛公司，截至2020年底已累计节省水源60.03万吨。在雀巢公司瑞士总部，通过与当地农民合作，雀巢建设了全国最大的农业沼气工厂，利用牛粪来产生绿色能源，为其Henniez瓶装水工厂生产及瑞士电网提供电力。这一举动不仅让农民获得更多环保肥料，还对当地环保做出了贡献。

近年来，越来越多的中国企业开始关注环保并致力于开发绿色能源，以减少对地球资源的浪费及过度使用。作为奶牛养殖大国，国内已经有不少乳品企业尝试减少奶牛养殖过程中出现的温室气体以及有效利用牛粪生产再生能源，但效果并不明显。未来，我国乳品企业应加大科技研发，最大化降低能源消耗，尽可能减少塑料乳制品包装的使用，开发新型节能环保产品。同时，尽可能使用本地可持续方式生产的饲料饲喂奶牛，通过改善粪污处理、优化牛群结构以确保动物健康和福利以及扩大可再生能源的使用等方式，助力中国乳业向绿色、安全、健康、高效的方向发展。

3.3 加速创新，扩大消费需求及消费场景

作为全世界最多元化的公司之一，雀巢深知产品多样性的重要性。近几年，中国对婴幼儿有机辅食的品质化需求日增，因此雀巢携手青岛莱西共同把握这一契机，建立雀巢在亚洲、非洲、大洋洲范围内唯一一个具有嘉宝品牌湿产品产能的工厂。新的生产线一举推出18种口味嘉宝果蔬泥，以满足中国消费者的口味需求。此外，通过与不同行业机构的合作，雀巢开发了无人冲饮车、可回收塑料包装无人车等趣味交互方式，覆盖更多样的场景和提供私人化、趣味化的零售体验。

目前，中国乳品企业的产品线较为单一，主要集中在液态奶、酸奶、奶粉等产品。随着奶酪逐渐被大众接受以及越来越多的人对烘焙感兴趣，奶酪、淡奶油、乳清粉等衍生品的市场正在逐步扩大。中国乳品企业应进一步丰富乳制品种类生产线以及消费场景，促进大众对乳制品的认知，培养大众的消费习惯，从而提升乳制品总消费量。

3.4 有节制地并购，保持外来品牌活力

在150年的发展过程中，雀巢的历史是由无数次合并与收购写就的，但神奇的是，雀巢一直在内外部环境的不断变化中保持着均衡、稳健的发展。而其秘诀就是"停止无节制的多元化"这一策略。雀巢清晰地认识到，必须在业务上更为专注。并购只是公司获得规模效应的手段，而要保持各个品牌的活力则应该尊重多样性的文化和传统，

雀巢（Nestle）

允许并购企业拥有相当大的自主权，甚至扩展了自己的发展之路，也因此，雀巢并购的大多数品牌得以顺利延续其营业模式。

目前，中国国内排名靠前的乳品企业都在争相收购国内及海外乳品公司。国内排名靠前的乳品企业应尽量减少对地方公司的干涉，制定行事的原则与规则，并推动整个公司规范化发展。在面对复杂多变的市场环境时，尊重地方消费口味和习惯，并给予地方公司更多的自主权。

美国奶农合作社

Dairy Farmers of America

- 总部：美国
- 成立时间：1998年
- 企业性质：合作社，区域性纯乳品企业
- 2020年乳制品销售额：190亿美元
- 2020年"全球奶业20强企业"排行榜：No.3

> 美国奶农合作社（Dairy Farmers of America）总部位于美国密苏里州堪萨斯市，于1998年由4家奶业相关公司合并成立，在全美有超过7 000家合作家庭牧场，与13 000余名会员开展合作，是美国最大的奶业合作社。2020年营业额190亿美元，据荷兰合作银行评选出的"全球奶业20强企业"排行榜中居第3位。

1 合作社发展

1.1 发展历程

1998年1月1日，美国2家从事奶牛养殖的公司（美国中部奶农公司，Mid-America Dairymen, Inc.和西方奶农合作社，Western Dairymen Cooperative, Inc.）、1家从事乳制品加工的公司（联合牛奶生产商公司，Associated Milk Producers, Inc.）和1家乳制品市场销售的公司（牛奶营销公司，Milk Marketing, Inc.）合并成立美国奶农合作社（Dairy Farmers of America，DFA）。

成立初期，DFA主要为各规模的家庭农场提供诸如收奶、乳制品加工及销售等服务，后期通过并购、入股等方式丰富、扩大企业经营范围。2013年，DFA收购Dairylea合作社，成立DFA牧场供应（DFA Farm Supplies）部门，为牧场提供牧场用品集中采购服务。2020年5月，DFA收购迪恩食品（Dean Food）44家乳制品加工厂，成为美国最大的乳制品加工商。DFA经过多年为奶农提供全方位、多角度的牧场管理等服务，降低牧场生产经营成本，规避牧场市场风险，有效保障了奶农利益，也得到了奶农的高度信任，促进了企业发展壮大。

1.2 区域布局

1.2.1 牧场及奶农分布

DFA在全美有超过7 000家合作家庭牧场，13 000余名会员。合作家庭牧场主要集中在美国东北部地区、中东部地区、中部地区的多数州，以及西部地区、西南地区的部分州。其中，纽约州、宾夕法尼亚州、俄亥俄州、威斯康星州、密苏里州等5个州合作家庭牧场数量均超过350家；佛蒙特州、密歇根州、明尼苏达州、艾奥瓦州、印第安纳州、肯塔基州、佛吉尼亚州、堪萨斯州、得克萨斯州、加利福尼亚州等 10 个州合作家庭牧场数量均在 101～350 家。目前，DFA 在这些合作家庭牧场中，共计有超过 13 000 名会员。

1.2.2 乳品加工企业分布

DFA 在全美形成了全面的乳制品加工网络。经过多年的发展，DFA 在全美形成了围绕与其合作的家庭牧场的奶源，结合乳制品市场消费需求，建立了系统、全面的乳制品加工网络，尤其是在 2020 年 5 月收购迪恩食品（Dean Food）公司的 44 家乳制品加工厂后，其乳制品加工厂数量达到 100 家左右，成为美国最大的乳制品加工商。

1.3 组织结构

1.3.1 董事会组成

通过民主选举形成了规模庞大的董事会体系。为了有效管理、服务广大会员，DFA 将奶农会员分为中部地区、中东部地区、山区、东北部地区、东南部地区、西南地区、西部地区等 7 个区域，每个区域通过民主选举，按照合作家庭牧场以及奶农会员规模的大小，从会员奶农中选出 5～12 名董事，在此基础上产生 1～2 名董事会主席（副主席），形成包含 1 名董事会主席、8 名副主席在内的 49 名董事会成员组成的董事会，开展 DFA 经营决策。

1.3.2 管理团队组成

聘请专业职业经理人进行日常运营和管理。DFA 为了保障合作社成员的基本利益以及企业的高效运行，聘请了专业的职业经理人团队开展企业日常运营和管理工作，形成了 22 人的高层管理团队。高层管理团队包括了总裁、副总裁在内的集团领导、事业部领导以及七大区域运营领导，广泛分布在 DFA 乳品加工企业所在州。

1.4 产品及品牌

1.4.1 主要产品

经过 20 余年发展，DFA 合作社已成为美国最大的奶业合作组织以及全球奶业 20 强企业，形成了丰富的产品线，满足美国市场乳制品个人消费以及餐饮企业消费需求，主要可以分为三类，第一类是最为常规的液态奶品类，包括鲜奶、酸奶、调制乳等产品，是合作社所属乳品企业生产规模最大的产品；第二类是干乳制品品类，主要包括奶酪、奶油、奶昔等，其中奶酪和奶油是主要生产的品类；第三类是特殊性食品，如由厨师团队在堪萨斯州创建成立的 PLUGRA 品牌，主要以生产供餐饮企业使用的奶油产品，以及面向全美市场的 SPORT SHAKE 品牌运动奶昔，通过在生鲜乳的基础上，添加少量糖以及蛋白质和电解质，帮助运动员保持强壮。

1.4.2 乳制品品牌

经过多年的发展，同时得益于收购迪恩食品，DFA 乳制品品牌不断丰富。目前，DFA 拥有 ALTA DENA、Borden Cheese 等近 20 个品牌（表 1）。

表 1 DFA 所属乳制品品牌

品牌名称	成立时间	产品类型	服务区域	品牌形象
ALTA DENA	1945 年	液态奶	南加州	
Borden Cheese	1870 年	奶酪	加利福尼亚州	
Breakstones	1882 年	奶油		
CACHE VALLEY CREAMERY	1937 年	奶酪、奶油		
Cass Clay	1935 年	液态奶及冰淇淋	北达科他州	
DAIRY MAID DAIRY	1894 年	液态奶、酪乳、调制乳	马里兰州	
FALFURRIAS	1909 年	奶油	得克萨斯州	
Guida's	1886 年	液态奶、酪乳、调制乳		
Keller's	1906 年	奶油	宾夕法尼亚州	
KEMPS	1914 年	液态奶、奶酪、冰淇淋	明尼苏达州 威斯康星州	
La Vaquita	1971 年	奶酪、酸奶	得克萨斯州	
PLUGRA		奶油	堪萨斯州	
LIVE REAL FARMS		调制乳		
Meadow Gold	1901 年	液态奶	得克萨斯州	
Oakhurst	1921 年	液态奶、奶油、调制乳	缅因州	
PLUGRA		奶油	堪萨斯州	
SPORT SHAKE		运动奶昔	全美国	
T. G. Lee DAIRY	1925 年	液态奶	得克萨斯州	
Tuscan dairy farms	1918 年	液态奶	得克萨斯州	

资料来源：DFA。

1.5 企业经营状况

1.5.1 营收情况

近 5 年 DFA 营业收入不断增长。2016 年，DFA 营业收入为 135 亿美元，之后快速增长到 2017 年的 147 亿美元，同比增长 8.9%，2018 年，因美国国内生鲜乳价格下跌 8.2% 至 16.20 美元/英担[①]，DFA 营业收入为 136 亿美元，同比下跌 7.5%，2019 年开始，随着奶业市场的不断恢复，DFA 营业收入大幅回升，全年为 158 亿美元，同比增加 16.2%，因为 DFA 收购了美国迪安食品公司，2020 年 DFA 营业收入大幅回升至 178 亿美元，同比大幅增长 12.7%（图 1）。

1.5.2 盈利情况

DFA 持续保持盈利能力。过去 5 年，尽管全球奶业行业持续低迷，生鲜乳价格也不断下跌，但 DFA 保持了持续盈利，2017 年，DFA 净利润为 1.27 亿美元，之后连续两年减少，2019 年为 0.83 亿美元，比 2018 年减少 0.44 亿美元，减少 34.7%，2020 年，尽管在疫情的严重影响下，生鲜乳价格明显下降，但得益于收购迪安食品公司，奶业产业链条有所延长，全年净利润保持了明显增加，全年净利润达到 1.71 亿美元，同比增长 105.0%（图 1）。

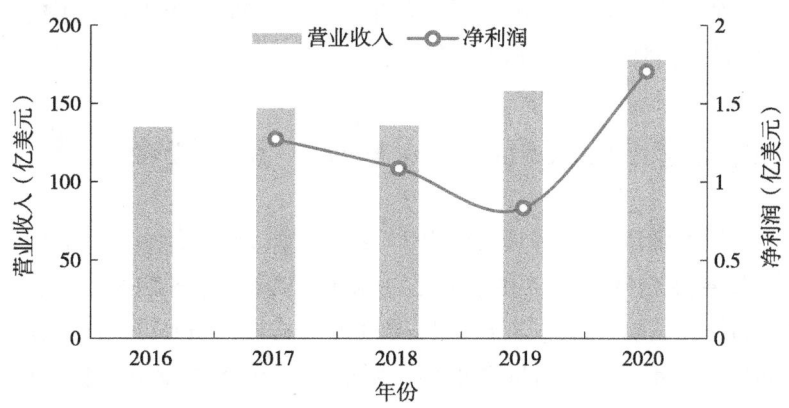

图 1　2016—2020 年美国奶农合作社营收及利润
（数据来源：https://www.dairybusiness.com/）

---

① 1 英担≈50.8 千克，全书同。

2 与奶农的利益联结机制

DFA 自成立以来,在国家生鲜乳价格形成机制的基础上,通过与奶农建立稳固、可持续的合作关系,完善双方的利益联结机制。

2.1 建立基金和保险机制,防范奶牛养殖市场风险

一方面,DFA 设立保险部（DFA Insurance）,通过与美国农业部农业服务局合作,为牧场和奶农提供针对牧场职工健康保险、牧场经营保险、职工伤害赔偿等系列针对性强、价格低、质量高的保险品种,有效保障牧场的经营稳定性。另一方面,DFA 设立风险管理部（DFA Risk Management）,DFA 风险管理部通过期货的价格发现、套期保值等手段有效规避生鲜乳价格下跌、饲料价格上涨等风险,帮助奶农获得利润。

2.2 建立牧场集中采购机制,降低奶牛养殖成本

牧场集中采购服务由 DFA 牧场供应部门负责,通过与全球奶业设备商合作,产品从奶牛饲料、药物、靴子手套、橡胶垫等消耗品到奶厅挤奶机、饮水机等设备,涵盖了奶牛养殖的各个环节。加入 DFA 的牧场和奶农,可通过 DFA 牧场供应部门获得优质低价的产品和服务,降低奶牛养殖成本。

2.3 建立牧场建设融资机制,缓解奶牛养殖资金困难

长期以来,DFA 金融服务部通过提供牧场融资服务,帮助牧场和奶农提供资金。当牧场或者奶农需要资金扩大养殖规模、更新设施设备、采购牧场投入品时,可向 DFA 金融服务部提出资金申请,贷款专员通过评估牧场的资产负债、生产成本、负债收入比等财务指标,批准相应的贷款申请,贷款申请包括了设备贷款、厂房贷款、经营信贷额度以及与利拉伐（DeLaval）合作的机器人贷款金融,缓解牧场经营的资金困难。

2.4 建立牧场能源建设机制,高效利用牧场的再生能源

DFA 设立能源部（DFA Energy）,DFA 能源部通过与太阳能、风能和沼气领域的

供应商合作，联合美国农业部设立农业农村能源补贴项目，鼓励、帮助牧场开展牧场粪污等再生资源的循环利用，加大对太阳能、风能等清洁能源的有效利用，实现了牧场资源的高效利用，有效应对能源价格上涨带来的养殖成本上涨问题。

2.5 建立奶业关怀基金，调节国内奶业市场平衡

DFA 设立关怀（DFA Cares）基金会，接受美国社会个人、公共部门和企业的捐款，用于美国乳制品消费者市场以及奶业专业学生的奖学金。当乳制品市场发生如 2020 年的新冠肺炎疫情导致乳制品消费大幅下降的消费危机时，DFA 设立关怀基金会运用基金采购乳制品，发放给贫困家庭，缓解乳制品市场的供需危机，调节国内奶业市场平衡，间接保障了会员的利益。

3 对中国奶业发展的启示

3.1 建立多方协作的奶业保险机制，提升奶农应对风险能力

DFA 联合美国农业部农业服务局等政府部门，通过美国期货市场建立了多方协作的奶业保险机制。一是 DFA 设立的保险部为牧场和奶农提供针对牧场职工健康保险、牧场经营保险、职工伤害赔偿等系列针对性强、价格低、质量高的保险品种，有效保障牧场的经营稳定性。二是 DFA 设立的风险管理部通过美国期货市场，运用期货的价格发现、套期保值等手段有效规避生鲜乳价格下跌、饲料价格上涨等风险，帮助奶农获得利润。三是 DFA 设立的关怀基金会接受美国社会个人、公共部门和企业的捐款，用于乳制品消费市场低迷时采购过剩乳制品，稳定奶业市场平衡，此外，通过关怀基金，以奖学金的形式支持奶业专业学生的培育。建议国内乳品企业、地方奶业协会可尝试推动国内奶业保险机制，联合金融保险机构开展奶牛养殖保险、生鲜乳价格保险，探索奶业从业人员的人身保险、奶业专业人才的培养基金，进一步规避奶业市场风险、生产风险，提升奶业专业人才技能。

3.2 建立奶业合作社，提升奶农与乳品企业的对话能力

DFA 是美国乃至全球最大的奶农合作社，在与乳品企业对话过程中具有话语权。目前，国内基于奶农建立的合作社相对较小，在与乳品企业的对话过程中处于明显的

弱势地位，建议国内养殖企业以及地方奶业协会借鉴 DFA 的经验做法，建立代表奶农利益的合作社组织，提升组织化水平，统一协调奶农与乳品企业在奶牛养殖标准、原料奶质量指标、生鲜乳收购价格等方面的利益分配关系，提升奶农与乳品企业的对话能力。

3.3 建立全面的技术服务体系，提升奶农生产管理能力

DFA 建立了奶牛育种、饲草料种植、奶牛营养、疫病防控、市场风险规避等涵盖奶牛养殖各环节的技术服务体系，有效帮助奶农生产、管理水平的提升。国内大型养殖集团、合作组织应加强 DFA 技术服务体系建设经验借鉴，积极组建技术服务团队，充分调动相关组织成员以第三方社会化服务等形势开展社会化服务，加强对国内中小牧场的技术服务，提升牧场生产管理能力。

施赖伯

Schreiber Foods

- 总部：美国
- 成立时间：1945 年
- 企业性质：私营企业，区域性纯乳品企业
- 2020 年乳制品销售额：51 亿美元
- 2021 年"全球奶业 20 强企业"排行榜：No.19

> 美国施赖伯食品公司成立于1945年,后经过不断发展,形成了以乳业为主,运输业为辅的业务布局,在美国、巴西、墨西哥、葡萄牙、西班牙、保加利亚、比利时、德国、法国、奥地利、捷克和印度等国家开展乳制品研发、生产、销售,是美国乃至全球重要的奶酪及黄油生产加工企业。2020年销售收入51亿美元,据荷兰合作银行评选,在2021年"全球奶业20强企业"排行榜中居第19位。

1 公司发展

1.1 发展历程

施赖伯食品公司成立于1945年,总部位于美国阿肯色州。纵观施赖伯食品公司发展历程,可分为三个发展阶段。

国内发展阶段(1945—1985年)。1945年,芝加哥黄油和鸡蛋商 L. D. Schreiber 在威斯康星州绿湾(Green Bay),与 Merlin G. Bush 和 Daniel David Nusbaum 合作,成立了 L. D. Schreiber 奶酪公司,生产餐饮用奶酪。1962年,公司开始股份改制,为13名员工发行股票,1967年,开始生产面对消费者的小包装奶酪。1980年,L. D. Schreiber 奶酪公司更名为施赖伯食品(Schreiber Foods)公司,1985年,施赖伯食品通过收购消费者小包装奶酪业务,正式开展面向消费者的奶酪业务。

海外市场拓展阶段(1986—2000年)。1986年以来,公司通过并购,不断布局海外市场。1992年,施赖伯食品公司与 Rupp AG 组建奶酪合资企业,开始进入欧洲餐饮奶酪市场。同时,施赖伯食品公司在墨西哥新建工厂,开始进入墨西哥市场。1996年,施赖伯食品公司通过授权 Dynamix Dairy Industries,开始布局印度市场。

快速扩张阶段(2000年至今)。21世纪以来,施赖伯食品进一步拓展产品品类,不断扩展消费市场,进入快速发展期。2001—2002年,通过收购奶油芝士制造商扩展生产能力,建立奶油芝士消费者品牌,施赖伯食品进入美国奶油芝士市场。2005年,施赖伯食品开始生产酸奶,进入美国酸奶市场,进一步多元化产品线。2010年,施赖伯食品进一步拓展与 Rupp AG 合作,双方合资组建再制奶酪的生产、销售企业,并在2012年收购德国 Lindenberg 加工厂,在2014年收购保加利亚、捷克、葡萄牙、西班牙等国的乳制品加工工厂,生产酸奶产品,进一步扩大在欧洲的业务范围。次年,通过继续收购斯洛伐克的 Zvolen 工厂、西班牙的 Noblejas 和 Talavera de la Reina 工厂,增加在欧洲的酸奶生产能力，使施赖伯食品成为全球最大的酸奶生产商之一。2016年，施赖伯食品在墨西哥Léon建造新工厂；次年收购法国Cléry le Petit工厂，进一步扩大欧洲奶酪业务。

1.2 公司布局

自20世纪80年代中期开始拓展海外市场以来，施赖伯食品在国际市场的布局不断丰富，逐渐形成了以美国、欧洲双核心，同时辐射南美、亚洲等国家和地区的全球性公司。目前，施赖伯食品在全球拥有31处办公场所，其中，在美国阿肯色州和西班牙马德里分别设有专门的办公场所，在美国、印度、西班牙、德国等12个国家设有29家乳制品加工厂，形成了涵盖北美洲、南美洲、欧洲、亚洲等4大洲的乳制品生产与销售网络。

1.3 企业业务布局

施赖伯食品业务主要包括乳制品和物流配送两大业务板块。自1945年施赖伯奶酪成立，开始奶酪生产之后，同步开始乳制品物流配送，形成了乳制品生产销售和乳制品物流配送等两大业务。其中，乳制品生产、销售覆盖了北美洲、南美洲、欧洲和亚洲等4大洲（表1）；物流配送聚焦美国市场，为美国本土的乳制品加工厂和600余家乳制品分销商及零售商、餐饮企业和食品制造商开展奶酪、酸奶、奶油芝士和其他食品的配送服务。

表1 施赖伯食品全球乳制品生产

国家	主要业务布局
美国	天然奶酪、再制奶酪、奶油芝士、酸奶、乳饮料物流配送
墨西哥	奶油奶酪，再制奶酪
巴西	再制奶酪、天然奶酪、奶油芝士
德国	天然奶酪、再制奶酪
奥地利	再制奶酪
西班牙	酸奶
葡萄牙	酸奶
保加利亚	酸奶、鲜奶
捷克	奶油芝士、酸奶
比利时	天然奶酪
法国	天然奶酪
印度	天然奶酪、再制奶酪、酸奶、奶粉、调制乳、常温牛奶

资料来源：https://www.schreiberfoods.com/en-us/。

1.4 主要产品

经过70多年的发展，施赖伯食品已成为集天然奶酪、再制奶酪、奶油芝士、鲜奶、酸奶、乳饮料在内的丰富的产品线，已经成为美国重要的乳制品生产商，也是全球重要的奶酪生产公司，也是全球奶业20强企业。施赖伯食品公司的乳制品产品主要可分为个人消费产品和餐饮产品两大类。其中，个人消费产品主要包括低温鲜奶、酸奶、奶酪棒、奶粉、调制乳、冰淇淋等；餐饮产品主要包括了天然奶酪、再制奶酪、奶油（酥油）等（表2）。

1.5 营收情况

自施赖伯食品公司成立以来，营业收入随着企业经营范围的扩大不断增长，近年来基本保持稳定。1993年，施赖伯食品公司营业收入突破10亿美元大关，之后快速发展，2001年翻一番达到20亿美元，2008年再次翻番达到40亿美元大关，2014年营业收入突破50亿美元，之后保持稳定，2019年营收为51亿美元（图1）。

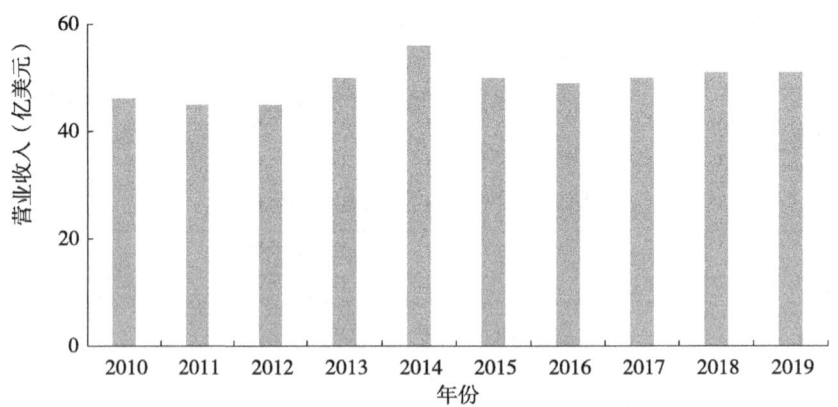

图1　2010—2019年施赖伯公司营业收入
（数据来源：荷兰合作银行）

施赖伯（Schreiber Foods）

表2 施赖伯食品全球乳制品生产

地区	国家	所在州/省	企业网点名称	成立时间	主要加工品种
北美洲	美国	阿肯色州	本顿维尔办公室	2005年	
		威斯康星州	绿湾工厂	1945年	天然奶酪、再制奶酪
			西本德工厂	2004年	奶油奶酪、配送中心
			里奇兰中心工厂	2005年	酸奶
		密苏里州	迦太基工厂	1950年	天然奶酪、再制奶酪
			莫内特工厂	1976年	再制奶酪
			克林顿工厂	1995年	天然奶酪
			弗农工厂	1997年	再制奶酪
		犹他州	洛根工厂	1972年	天然奶酪、加工奶酪、奶油芝士、酸奶
			史密斯菲尔德工厂	1996年	天然奶酪
		亚利桑那州	坦佩工厂	1985年	再制奶酪
		宾夕法尼亚州	希彭斯堡工厂	2002年	奶油奶酪、酸奶
		得克萨斯州	斯蒂芬维尔工厂	2002年	天然奶酪、奶油奶酪
		密歇根州	大急流城工厂	2021年	乳饮料
南美洲	墨西哥	瓜纳华托	莱昂/西劳工厂	1992年	奶油奶酪，再制奶酪
	巴西	巴拉纳	里奥阿祖尔工厂	1999年	再制奶酪、天然奶酪、奶油奶酪
欧洲	德国	巴登-符腾堡州	万根工厂	1992年	再制奶酪
		巴伐利亚	林登伯格工厂	2012年	天然奶酪
	奥地利	沃拉尔贝格	赫尔布兰茨工厂	2010年	再制奶酪
	西班牙	马德里	马德里办公室	2013年	
		卡斯蒂利亚	诺布尔哈斯工厂	2015年	酸奶
			塔拉维拉工厂	2015年	酸奶
		加那利群岛	圣克鲁斯工厂	2015年	酸奶
	葡萄牙	中心区	卡斯特洛·布兰科工厂	2014年	酸奶
	保加利亚	索菲亚市	索菲亚工厂	2014年	酸奶，牛奶
	捷克	中波希米亚	贝内索夫工厂	2014年	奶油奶酪，酸奶
	比利时	纳穆尔	马雷德苏斯工厂	2017年	天然奶酪
	法国	缪斯	克莱里·勒工厂	2017年	天然奶酪
亚洲	印度	马哈拉施特拉邦	巴拉马蒂工厂	1996年	天然奶酪、再制奶酪、酸奶、奶粉、调制乳，常温牛奶
		旁遮普	法齐尔卡工厂	2015年	调制乳和常温牛奶
		安得拉邦	库帕姆工厂	2013年	牛奶

资料来源：https://www.schreiberfoods.com/en-us/。

2 与奶农的利益联结机制

2.1 提供专业技术服务，保障生鲜乳收购价格

为保证原料奶的质量，施赖伯食品公司以乳制品加工商的角色加入FARM。FARM成立于2009年，是由全国牛奶生产商联合会、乳品管理公司联合创建的社会合作组织，FARM向美国奶农、牛奶加工商和合作社开放，致力于生产高品质、安全的生鲜乳。施赖伯食品公司通过加入FARM，利用FARM的专业团队资源以及养殖标准资源，为奶农提供专业的技术服务，推动与奶农的利益联结。一方面，利用FARM在牧场管理方面的经验，尤其是专业的团队资源，为合作牧场开展畜群结构优化、饲草料配方、疫病防控、繁殖配种等多环节的生产技术服务，指导奶农进行牧场管理，提升牧场的生产水平。另一方面，通过鼓励奶农严格执行农场计划项目在动物福利、生物安全、抗生素管理、环境管理等方面的标准规范，保障奶牛养殖、牧场管理的标准化，提升牧场生鲜乳质量，进而保障生鲜乳收购价格。

2.2 开展技术创新与应用，实现奶业可持续发展

为实现奶牛养殖、乳制品加工等环节的可持续发展，施赖伯食品公司加大技术创新以及有效应用，促进奶业的节能减排。一方面，加大对太阳能、风能等无碳能源的利用，减少CO_2等气体排放；通过技术创新，优化乳制品生产工艺，有效减少低温鲜奶、酸奶、奶酪、奶油等乳制品生产过程中对水、电和燃料资源的使用；加大对乳制品包装材料、包装结构的研发创新，减少乳制品的包装材料使用量，降低各个环节的生产成本。另一方面，加大对奶牛养殖环节产生的废水、动物粪污的再次利用，对包装材料重新调整用途，尽可能多地将垃圾填埋场中废弃物资源化利用，实现可持续发展。

2.3 开展产业风险管理，保障客户利益稳定

为有效防范市场的波动，施赖伯食品公司针对奶牛养殖、乳制品加工等环节开展全面的产业风险管理，保障上下游客户的稳定发展。一方面，公司设立全面的风险管理计划，通过与商业咨询公司合作，利用美国农产品期货市场，开展奶牛养殖生产资料价格分析，预测奶牛养殖成本预测，为奶农开展生产决策提供参考，保障奶农养殖利益。另一方面，定期为上游的养殖客户以及下游的经销商客户提供全球乳制品的供

给、需求、贸易、消费趋势、价格变化等市场信息，帮助客户对奶业发展形势、市场走势等行业风险进行识别、规避，保障合作客户的利益稳定，促进企业稳定发展。

3 对中国奶业发展的启示

3.1 发展奶酪等高附加值产品加工，促进企业稳定发展

施赖伯食品公司经过 70 余年的发展，公司规模明显扩大，产品线也不断丰富，但仍以成立之初生产奶酪、黄油等业务为主。截至 2021 年上半年，公司在全球经营的 29 家加工厂中，有 20 家仍以生产天然奶酪、再制奶酪、奶油芝士等高附加值产品为主。奶酪、黄油等产品货架期长，对于稳定市场供应、保障奶业利益具有积极作用，建议国内乳品企业在发展巴氏杀菌乳、常温奶、酸奶等液态奶产品的同时，逐步优化乳制品产品结构，适度发展奶酪、乳清粉等产品，满足消费者日益丰富的饮食消费需求，同时缓解国内生鲜乳供需的季节性波动，促进企业稳定发展。

3.2 通过收购扩大企业营业范围，逐步扩大企业规模

施赖伯食品公司自 1945 年成立以来，先后通过收购面向消费者的小包装奶酪加工企业、奶油芝士制造商快速进入相应产品的细分市场。此外，通过收购国外乳制品加工企业，快速进入国外乳制品市场，快速扩展国际市场布局。建议国内乳品企业在业务拓展过程中，尝试通过并购，充分利用被并购企业的产品以及市场布局，提高企业业务拓展的成功率，丰富企业营业范围。

3.3 通过科普教育扩大乳制品消费，推动乳制品消费

施赖伯食品公司通过开展丰富的消费者教育与科普活动，推动了乳制品消费。通过食谱菜单教育消费者用奶酪、黄油等乳制品烹饪食物，提升消费者用乳制品制作食物的技能，同时，推出奶酪与啤酒、葡萄酒搭配指南等专题教育，拓展乳制品消费场景。建议国内乳品企业在开展产品和企业宣传时，在利用常规的媒体广告、代言人等方式宣传"乳制品好""增加乳制品消费"的同时，通过烹饪、美食类专题节目指导消费者乳制品怎么吃更好吃、如何用乳制品制作美食，进一步丰富乳制品的食用方式和途径。

卡夫亨氏

Kraft Heinz

- 总部：美国
- 成立时间：2015 年
- 企业性质：私营企业，区域性纯乳品企业
- 2020 年乳制品销售额：56 亿美元
- 2021 年"全球奶业 20 强企业"排行榜：No.15

> 卡夫亨氏公司是北美第三大食品和饮料公司，世界第五大食品和饮料公司，拥有 8 个逾 10 亿美元的品牌，销售网络遍布世界各地，超过 200 个品牌在全球 200 多个国家和地区销售。公司是卡夫食品集团与亨氏公司在 2015 年合并成立，总部位于美国宾夕法尼亚州匹兹堡。尽管成立时间尚短，但两家企业的起源可以追溯到百年之前，深厚的历史底蕴与百年品牌价值让卡夫亨氏公司成为更具垄断力的巨无霸，旗下奶酪以及婴幼儿营养产品更是在全球范围内广受认可。据荷兰合作银行发布的 2021 年"全球奶业 20 强企业"排行榜，卡夫亨氏以乳品营业额 56 亿美元，位列榜单第 15 名。本内容基于卡夫亨氏官方网站资料信息，分析公司现状及其与奶农利益联结机制的典型特征，并提出值得我国借鉴的经验。

1 公司发展

1.1 公司乳制品业务发展历程

　　卡夫亨氏如今的龙头地位离不开乳制品业务的发展，探索其发展亦是对卡夫亨氏成长逻辑的复盘。

　　卡夫亨氏奶酪业务主要依靠创新建立品牌优势，继而凭借规模及资金步入外延式发展之路。1903 年，卡夫在美国芝加哥开展奶酪上门批发业务，以此逐渐开启了卡夫的奶酪业务。1914 年，卡夫兄弟公司第一家奶酪工厂投产。1915 年卡夫发明了巴氏杀菌处理的奶酪，给奶酪储存、运输带来便捷性，由此一战期间陆军的需求为卡夫奶酪带来了超 600 万磅的订单。从 1916 年收购一家加拿大奶酪公司开始，卡夫依靠品牌、规模及资金优势步入外延式发展之路。如 1930 年与凤凰（Phenix）奶酪厂合并，后者于 1903 年购买了 Philadelphia 奶酪品牌并引入奶酪自动包装系统；1986 年收购 Polly-O 奶酪公司和 Knudsen 公司，Polly-O 主营意大利的奶酪，包括乳清干酪、马苏里拉奶酪和奶酪棒，Knudsen 主营茅屋奶酪。与此同时，卡夫也在不断自研推出新产品，丰富自身奶酪产品矩阵。

　　2015 年，亨氏与卡夫食品北美业务公司大规模合并后，卡夫亨氏多措并举进入新的增长期。一是实行成本削减战略以提升盈利能力，开始对一些奶酪品牌、产品进行出售。2019 年出售 Cracker Barrel 在加拿大的切达奶酪业务后，公司 2020 年发布公告将出售旗下多个奶酪子品牌部分业务。二是以营养和健康为落脚点，以创新挖掘新动能。以卡夫亨氏英国工厂为例，为迎合消费者健康需求，不断改善乳制品配方。该公司将其品牌沙拉奶油配方中的糖和盐分别减少了19%和35%，从而让乳制品更健康、更简单、更美味、更方便。三是在其业务相关的社会和公共卫生问题方面起到前瞻和引领的作用，与喂养美国等组织合作向贫困人群捐赠乳制品，实行透明标签计划宣传健康营养，从而树立一个正面的行业引领者形象。2020年美国奶酪零售市场卡夫亨氏市场占有率为24.1%，远高于第二名Sargento Foods的5.0%和第三名Tillamook奶酪的2.0%，呈现出一家独大的格局（表1）。

表1 卡夫亨氏乳制品业务发展大事记

年份	事件	年份	事件
1869	H. J. 亨氏公司在美国成立	1937	推出奶酪通心新品牌，Kraft macaroni & Cheese，现在包含Deluxe、Microwavable和Blue Box三个系列
1903	卡夫在美国芝加哥开展奶酪上门批发业务	1950	推出Singles系列，世界上第一种商业化包装的切片奶酪
1909	卡夫与四个兄弟成立了J. L. 卡夫兄弟公司（JL Kraft& Bros.Co）	1952	推出Cheez Whiz. 主营巴氏杀菌加工的奶酪酱
1914	J. L. 卡夫兄弟公司销售31种奶酪，同年开了第一家奶酪工厂	1954	推出Cracker Barrel天然切达奶酪（Chedda Cheese）
1915	卡夫发明了巴氏灭菌处理的奶酪，并于1916年获得专利，这种奶酪不需冷藏，货架期更长。大约600万磅的产品在第一次世界大战期间被卖给美国陆军作为军用口粮	1986	收购Polly-O奶酪公司和Knudsen公司。Polly-O主营意大利的奶酪，包括乳清干酪（Ricotta Cheese）、马苏里拉奶酪（Mozzarella Cheese）和奶酪棒；Knudsen主营茅屋奶酪（Cottage Cheese）
1916	卡夫进行了第一次收购一家加拿大奶酪公司		
1924	收购Hoffman's，后者奶酪制品中主营茅屋奶酪（Cottage Cheese）和意大利乳清干酪（Ricotta Cheese）	1998	推出Easy Mac奶酪通心粉系列，现在为Kraft Macaroni & Cheese的Microwavable系列
1927	收购Velveeta奶酪公司，后者主营再制奶酪	2010	推出Athenos品牌，主营希腊乳制品，包括希腊菲达奶酪（Feta Cheese）
1928	收购Breakstone's，奶酪制品以茅屋奶酪（Cottage Cheese）为主	2019	出售Cracker Barrel在加拿大的切达奶酪业务给法国兰特黎斯（Lactalis）
1930	与凤凰（Phenix）奶酪厂合并，后者于1903年购买了Philadelphia奶酪品牌，并引入奶酪自动包装系统。当时卡夫在美国奶酪市场市占率达到40%	2020	公告将关国Breakstone's、Polly-O、Athenos、Hoffman's、Knudsen和Cracker Barrel和北美以外的Cheez Whiz天然奶酪、奶酪粉等业务出售给Lactalis

资料来源：卡夫亨氏公司公告。

1.2 公司产品及品牌

卡夫亨氏的产品组合包括奶酪和其他乳制品、肉类、点心饮料、咖啡、冷藏餐、打包晚餐、调味品和酱汁、豆类和面食、休闲坚果、调味料、冷冻食品、汤、婴幼儿营养食品及其他食品。在乳制品领域的知名品牌有 Athenos，Breakstone's，Cracker Barrel，Knudsen，Kraft，Kraft Amooza，Kraft Cheese-Whiz，Kraft Singles，Velveeta，Philadelphia，Polly-O。其中乳制品品牌 Kraft、Philadelphia、Velveeta 的年销售额都超过 10 亿美元。卡夫亨氏旗下品牌许多在市场上占据领先地位（表2）。

表2 卡夫亨氏主要品牌市场地位

品牌名称	市场地位
亨氏	世界第一番茄酱品牌
Classico	美国第三大酱汁品牌
ABC	印尼第二大酱油品牌
Master	中国第三大酱油品牌
Ore Ida	美国冷冻食品头号品牌
Heinz Beanz	英国第一大烘焙豆品牌
Quero	巴西第一罐装蔬菜品牌
Plasmon	意大利第一大婴幼儿食品品牌
Complan	印度第三大代餐品牌
卡夫菲力奶酪	中国香港和台湾地区最大的奶油芝士品牌

乳制品品牌的市场领导地位不仅为公司提供了竞争优势，还提高了公司的议价能力。强大的品牌组合使卡夫亨氏在所有分销渠道中有更大的知名度和影响力，并使其拥有庞大的客户群，从而增加其乳制品市场渗透机会。

1.3 公司品牌策略

与卡夫亨氏的竞争伙伴雀巢不同的是，雀巢所有的产品都使用雀巢品牌，而卡夫亨氏旗下所有产品都有各自品牌，即多品牌策略，例如奶酪就包括卡夫、Cracker Barrel 奶酪、Philadelphia 奶油奶酪、Deli Deluxe 奶酪切片、Velveeta 与 Cheez Whiz 加工奶酪等多个品牌。卡夫亨氏根据细分市场之后不同的需求状况来定位自己的品牌和产品，保证该旗下品牌的利益点和特点能够符合特殊的细分市场需求。

此外，卡夫亨氏非常专注家庭奶酪的市场消费教育，乳品奶酪企业的市场消费教育越彻底，其产品认知度越高，品牌认知度越强。卡夫亨氏实行包装正面营养标签计划，在每个包装的正面显示热量、脂肪、糖和钠的含量，为消费者视觉传达每种产品中的营养成分，推动健康饮食。

1.4 公司经营收益

营收平稳增长，利润暂现波动。卡夫亨氏 2015—2020 年营收在 180 亿～270 亿美元，年均增长率为 2.4%，其中 2020 年营业收入为 261.85 亿美元，同比增长 4.8%。公司净利润近 5 年波动幅度较大。2017 年净利润同比增长较快，在 2018 年出现剧烈下降，为 –102.54 亿美元，降幅达到 193.8%。2020 年净利润为 3.61 亿美元（图 1）。

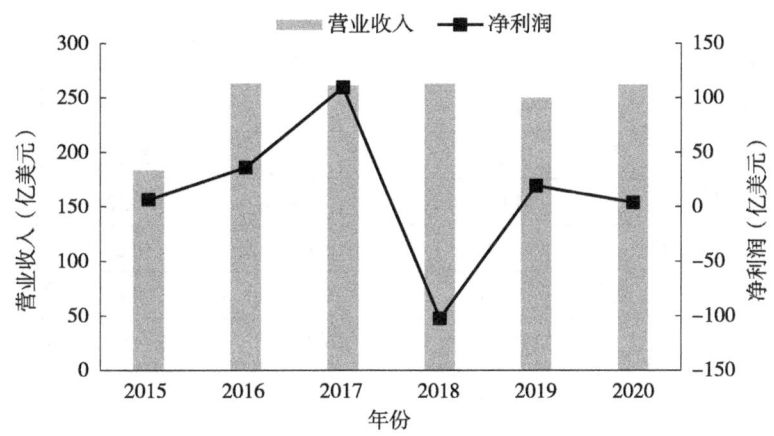

图 1 卡夫亨氏营业收入及净利润
（数据来源：卡夫亨氏年报）

产品增长不一，乳制品贡献稳定。2015—2019 年，奶酪和乳制品净销售额占比从 15% 增长到 20%，且近 5 年一直较为稳定，2019 年净销售额为 48.9 亿美元；常温保存食品、冷冻食品、肉类和海鲜等类别在 10% 左右，5 年来变化不大。

表 3 卡夫亨氏净销售额贡献 10% 以上的产品类别　　　　单位：%

产品类型	2015 年	2016 年	2017 年	2018 年	2019 年	2020 年
调味品和酱料	32	26	25	26	26	26
奶酪和乳制品	15	21	21	20	20	20
常温保存食品	10	9	10	10	10	11
冷冻食品	12	8	10	10	10	10
肉类和海鲜	8	10	10	10	9	10

数据来源：卡夫亨氏年报。

表 4 按产品类别划分的净销售额　　　　　　　　单位：百万美元

产品	2017 年	2018 年	2019 年	2020 年
调味品和酱料	6 429	6 752	6 406	6 813
奶酪和乳制品	5 409	5 287	4 890	5 131
常温保存食品	2 564	2 576	2 475	2 954
肉类和海鲜	2 567	2 505	2 406	2 599
冷冻食品	2 578	2 548	2 371	2 515
饮料	1 506	1 507	1 504	1 655
咖啡	1 422	1 438	1 271	1 062
婴幼儿营养品	755	756	512	433
甜点、配料和烘焙食品	1 033	1 038	1 032	1 121
坚果和咸味休闲食品	970	967	966	1 047
其他	843	894	1 144	855
合计	26 076	26 268	24 977	26 185

数据来源：卡夫亨氏年报。

发达市场仍占主流，新兴市场迈入快轨。卡夫亨氏保持了较为均衡的投资布局，覆盖北美、欧洲、亚太地区、拉丁美洲，一方面在发达市场夯实基础，另一方面在新兴市场加快发展。2019 年公司总收入的 71.09% 来自美国分部，10.21% 来自欧洲分部，7.53% 来自加拿大分部，11.16% 来自世界其他地区分部。从地区增速来看，北美地区增速有所下降，而世界其他地区增速快速提升。2020 年卡夫亨氏宣布改变之前的分区财务报告形式，合并欧洲、中东和非洲、拉丁美洲和亚太地区为国际区，形成国际区、美国和加拿大分区报告。各分区的业务为卡夫亨氏创造了可观的销售和经营自由现金流，与此同时广泛的地理分布也增强了公司的影响力，使其能够在各类市场上挖掘机会。

2 与奶农的利益联结机制

2.1 卡夫亨氏与奶农合作模式

卡夫亨氏之所以成为世界第五大食品和饮料公司，不仅仅由于其巨大的资本力量和美味的产品，还在于背后对每个国家市场的深耕和与原料供应者的利益共担。卡夫亨氏主要从奶农合作社购买所需的乳品原料，通过与奶农合作社签订收奶合同建立较为稳定的合作关系。在美国，生鲜乳收购价受政府管理和控制，以联邦法令最低价格为中枢运行，奶农的利益可以得到基本保障。卡夫亨氏严格依据合同收奶。奶农合作社在签订合同后需遵守适用的卡夫亨氏供应商质量期望手册、质量安全指南等，以保障乳品质量。

2.2 卡夫亨氏与奶农的利益共赢

卡夫亨氏与奶农合作社的合作关系鲜明表达了卡夫亨氏与奶农合作社的利益与风险共担的态度。卡夫亨氏亦在这样的关系中找到了不断壮大和革新的源泉。

（1）对奶农集中采购，加强双方合作稳定性。近年来，卡夫亨氏产品线的增长没有获得理想的投资回报，原因之一是产品线的增多带来采购端的混乱与低效率。卡夫亨氏不同产品部门从同一家奶农合作社购买同一材料时其价格往往有20%到30%的差异，导致成本增加。为此，2019年卡夫亨氏设置专门采购中心，对供应伙伴进行集中联系和采购，采购中建立各部门共同物料的标准规格，简化种类，互通有无。这一做法对卡夫亨氏来说既节省检验工作，亦能降低人力和采购成本。在统一采购过程中，奶农可以获得长期的供应合同，双方合作更为稳定。目前卡夫亨氏采购中心正在北美业务范围内推广，预计在两年内扩展到世界其他地区。

（2）与奶农达成共识，保障奶牛健康及福利。卡夫亨氏在奶牛福利方面较为重视，其认为奶牛健康不仅为卡夫亨氏带来优质的原材料，也可以为奶农带来更多的收益。因此保障奶牛福利成为卡夫亨氏与奶农达成合作的重要前提之一。针对美国牧场，卡夫亨氏要求奶农遵守美国牛奶生产商联合会的动物护理指南，该指南为奶农提供最佳的牧场奶牛管理操作。针对加拿大供应商，则要求其遵循加拿大农场动物保护委员会的《奶牛护理和处理业务守则》。卡夫亨氏将会通过第三方审核以确保奶农遵循上述指导准则，若牧场未遵守动物福利准则，卡夫亨氏会暂停与其合作直到牧场管理措施改进。与此同时，为更好地践行动物福利准则，2019年卡夫亨氏还成立了一个由家畜、家禽、水产养殖和渔业福利专家组成的咨询委员会，委员会为公司内的跨职能团队成员提供动物生产和福利方面的培训，便于员工更好地与牧场交流与合作。

（3）提供技术支持，帮助牧场提升养殖效率。以印度为例，奶牛养殖在印度北方各邦较为普遍，但一直以来当地奶农都缺少合格的兽医和政策支持，养殖效率较低。卡夫亨氏在印度市场布局后，2015—2018年间为阿里加尔工厂周围30个村庄的3 000名奶农提供了动物健康计划，包括为奶农提供有关奶牛疾病预防、奶牛健康管理以及牛奶安全的教育，为奶牛接种疫苗等。

（4）邀请奶农加入卡夫亨氏的持续创新之旅，共谋发展之机。卡夫亨氏与原材料供应者之间的和谐相处之道不仅仅在于支付条款的平衡，还在于创新、可持续性、发展能力等目标的一致性。卡夫亨氏认为公司与原材料供应者之间是相互依赖的关系，卡夫亨氏的成功就是供应者的成功，反之亦然。在卡夫亨氏的转型阶段，将原材料供应者作为公司创新的关键来源，鼓励奶农提出新产品、新成分或现有产品的改进方案。对于创新型的奶农，卡夫亨氏积极投资与他们的合作。

3 在中国的发展

卡夫亨氏早在 80 年代就已经布局中国市场，40 年深耕，在中国已具备较为完善的渠道和营销网络。2020 年卡夫亨氏将亚洲区总部从新加坡转移到了中国，在中国对亚洲区域内的经营事务进行统筹管理和协调，中国市场对卡夫亨氏的发展具有重要意义。卡夫亨氏国际大区总裁 Rafa Oliveira 将中国市场形容为卡夫亨氏国际大区业务实现增长的"头号机会"。目前在中国主要经营业务包括亨氏番茄酱等西式酱料业务，味事达酱油等中式酱料业务，以及亨氏婴幼儿米粉、面条和果泥等辅食业务。对于乳制品业务，20 世纪末卡夫在北京建厂短暂试水失败后，主要以从国外原装进口的方式进行销售。

卡夫乳制品业务在中国的第一次试水可谓"生不逢时"。1995 年卡夫进军中国的乳制品市场，投资 8 200 万美元建立北京当时最大的食品类合资企业，其中卡夫国际、菲利普·莫里斯集团持有 85% 的股权，北京农工商联合总公司持有 15% 的股权。由于卡夫的强项在于沙拉酱、干酪产品，所以北京卡夫当时将产品定位在超高温消毒奶、酸奶和干酪。但效果并不理想，北京卡夫有年产 10 万吨的能力，2000 年仅仅生产了 1.5 万吨，在连续 7 年没有盈利的情况下，公司最终以 930 万美元的协议价格出售给北京三元。其退场原因可以总结为水土不服，市场定位错误。20 世纪末，中国干酪消费市场并不成熟，卡夫没有更大领域去发挥它的优势，尽管也生产奶粉、酸奶和灭菌奶，但这些产品不是它的强项，当时北京消费者更为热衷低档的巴氏杀菌乳。之后的卡夫也未再轻易试水中国乳制品业务。直到 2015 年卡夫亨氏合并后，卡夫的明星产品借助亨氏的渠道快速进入中国市场。2015—2020 年，卡夫亨氏在中国奶酪市场的占有率不断增加，2020 年达到 3.98%，位列国内年奶酪市场前五大品牌。卡夫亨氏在提前洞察和顺应消费者需求，进行长期的消费者培育，不断抢占品牌认知和渠道渗透，从而赢得市场。

表 5　卡夫亨氏在中国的发展史

年份	卡夫	年份	亨氏
1982	通用食品（后并入卡夫）和统一在台湾成立合资公司	1984	经美国前国务卿基辛格博士穿针引线，美国亨氏在中国创办第一家婴儿辅助食品的合资企业
1984	卡夫在中国大陆成立了两个合资公司生产固体速溶饮料和咖啡；纳贝斯克与北京义利食品公司成立合资企业		
1988	纳贝斯克针对北京和天津市场推出乐之和富丽饼干。	1999	亨氏（青岛）食品有限公司成立，主要生产婴幼儿瓶装食品及亨氏西式酱
1989	联合饼干在南方成立合资公司		
1994	卡夫收购合作伙伴的股权成立独资公司	2002	成功收购广州美味源食品有限公司等三家企业；亨氏（中国）投资有限公司成立并落户广州线，成立亨氏（中国）调味品有限公司
1995	纳贝斯克通过收购台湾的可口饼干公司，在台湾成立分公司；卡夫进军北京的乳制品市场		
1996	纳贝斯克在北京和苏州完成饼干工厂的建设，推出奥利奥和趣多多饼干	2008	在上海建立酱油工厂
2000	纳贝斯克收购了联合饼干在大中华地区的饼干业务；卡夫收购了纳贝斯克	2010	亨氏收购位于广州的富达投资有限公司，增加对中式调味品的投资力度
2001	卡夫出售北京卡夫乳制品业务		
2005	卡夫在北京开始建设一座全新的饼干工厂	2012	升级上海酱油工厂并扩产
2006	卡夫将其在华所有实体整合到卡夫食品（中国）有限公司	2014	亨氏在全球最大的婴幼儿米粉生产基地在佛山三水投产
卡夫亨氏			
2015	通过跨境电商将 Plasmon 派乐萌奶粉引进中国市场		
2016	卡夫的明星产品借助亨氏的渠道逐步进入中国市场		
2018	亨氏投资十亿元，在阳江兴建全国范围内第八所工厂		
2020	卡夫亨氏亚洲总部迁至中国		

资料来源：卡夫亨氏公司公告。

表6 中国奶酪TOP5公司零售终端销售额　　　　　　　　　　　单位：亿元

公司名称	2015年	2016年	2017年	2018年	2019年	2020年
保健然	7.79	10.22	13.84	16.44	19.00	22.07
妙可蓝多	—	—	—	—	8.98	17.54
贝勒集团	2.26	2.87	3.75	4.47	4.92	5.24
恒天然	2.91	3.56	4.06	4.41	4.77	5.03
卡夫亨氏	1.54	1.93	2.50	3.10	3.57	3.98

注：欧睿数据是零售渠道的销售额，妙可蓝多2018年奶酪棒上市前以餐饮渠道为主，因此统计数据或有缺失。

数据来源：欧睿。

4 对中国奶业发展的启示

4.1 强化品牌策略，分散市场风险

卡夫亨氏有着深厚的企业历史，历经百年间不倒，在品牌战略上有着极好的范例。卡夫在早年拥有了奶酪的成熟品牌后，收购其他品牌时注意保留了原品牌资产，实行多品牌策略，实现旗下奶酪品牌发展百花齐放，同时使用多品牌策略有效避免了因为某一种产品市场推进失败或质量发生问题所带来的品牌危机的风险。国内乳品企业未来在并购相关品牌或发展新产品线时，可借鉴卡夫亨氏的多品牌战略，实现产品差异化发展，提升企业的市场覆盖率的同时，降低企业经营风险。

4.2 为奶农提供养殖技术支持，实现合作共赢

乳品企业与奶农建立良好合作关系，不仅让奶农获得长期稳定可靠的收入，也可以帮助乳品企业稳定奶源供给，同时进一步密切上下游纵向协作关系，实现产业链的纵向优化，也是确保产业稳定发展和乳制品质量安全的关键。卡夫亨氏在与奶农的关系中始终秉持"帮助奶农亦是帮助自己"的思想，为奶农提供技术支持，共同携手推动奶牛福利，实现乳品质量的提升。国内乳品企业也可从中吸收经验，和牧场建立良好的沟通机制，做好产销协同，合理规划发展，乳品企业和奶农也应制定合理的利益分配机制，让利润分配更加合理，从而建立起稳定的合作模式。

4.3 加强技术创新，推动奶酪产品满足细分消费需求

透过卡夫亨氏的成长史和经营战略可以发现，创新始终是卡夫的关键词。对国内乳品企业而言，创新方能有所突破。目前全国奶源仍处于"供不应求"状态，且我国乳业正由"全面增长"模式下的增量发展进入存量竞争阶段。借鉴卡夫经验，乳品企业不断加强新产品配方的升级；把消费者的需求放在创新的核心，适应消费者不断变化的消费观念，打造健康产品。

参考文献

于宁，李春喜. 2001-01-18. 壮士断腕 大牌告别乳品生产 秘密签约 卡夫挥泪北京市场 [N]. 中国经营报 (002).

郁李，2020. 卡夫亨氏：看好中国市场 [J]. 农经，353(11)：92-95.

萨普多

Saputo

- 总部：加拿大
- 成立时间：1954 年
- 企业性质：私营企业，全球性纯乳品企业
- 2020 年乳制品销售额：107 亿美元
- 2021 年"全球奶业 20 强企业"排行榜：No.10

> Saputo 公司是全球十大乳制品加工商之一，总部位于加拿大魁北克省蒙特利尔市，在加拿大、美国、澳大利亚、阿根廷和英国都设有乳品加工厂，也是各个国家乳制品的重要加工商。在加拿大，是全国领先的奶酪、液态奶和奶油加工商；在澳大利亚，是全国顶级的乳制品加工商；在阿根廷，是全国第二大的乳制品加工商；在美国，是全国三大奶酪和发酵乳制品生产商之一；在英国，是全国最大的品牌奶酪制造商和顶级的黄油制造商。目前公司的产品涉及奶牛和奶山羊奶酪、液态奶、奶油、黄油和乳制品配料等，在全球拥有自有品牌 66 个，每年加工生鲜乳超过 110 亿升，产品销往全球 50 多个国家。在荷兰合作银行发布的 2021 年"全球奶业 20 强企业"排行榜中，公司以销售额 107 亿美元位居全球第 10 位。

1 公司发展

1.1 公司成立背景

20 世纪 50 年代初，萨普托一家离开位于意大利西西里岛的家乡蒙特雷普雷市，前往加拿大魁北克省开始新生活。1954 年，萨普托家族成员朱塞佩·萨普托（Giuseppe Saputo）用 500 美元购买设备和一辆自行车，创立了以家族成员姓氏命名的乳制品加工公司。从建立之日起，公司的发展经历了三个阶段（表 1）。

第一阶段（自 1954 年成立至 1988 年），公司主要立足国内市场，收购了国内多家大型乳制品加工企业，成为加拿大最重要的马苏里拉奶酪生产商，并在全国建立起了较为完整的产品分销网络。

第二阶段（1988—2010 年），在立足国内产能的同时，开始着眼美洲市场，走出国门开展一系列收购业务，将加工基地扩展到美国和阿根廷。1988 年，公司收购总部位于美国的两家奶酪加工厂建立起了在美国的第一个生产基地；2003 年，收购阿根廷第三大乳品加工企业 Molfino Hermanos s.a.，进入阿根廷乳业市场。

第三阶段（2010 年至今），公司在国内市场和美洲市场发展的同时，开启了更大国际市场战略，将市场拓展到离总部更远的澳大利亚和英国。2014 年，公司收购 Warrnambool Cheese and Butter Factory Company Holdings Limited 乳品公司的 87.92% 股权，建立总部位于澳大利亚的分公司。2019 年 4 月，收购总部位于英国的 Dairy Crest Group plc 公司，从而进入英国市场。

萨普多（Saputo）

目前公司在5个国家拥有66家乳品加工厂。乳制品产量也由1954年的每天大约生产10千克的奶酪，增长到现在每年超过110亿升牛奶被加工成各种各样的乳制品，供消费者享用。

表1　Saputo公司发展收购历程

发展阶段	收购历程
国内市场阶段（1954—1988年）	1984年收购魁北克的一家将奶酪生产产生的乳清加工成乳糖和乳清蛋白等增值产品的工厂
美洲市场阶段（1988—2010年）	1988年收购美国两家奶酪工厂，建立美国第一个生产基地 1996年收购魁北克优质奶酪进口商和经销商Fromages Caron Inc. 1997年收购Crémerie des Trois-Rivières ltée，进入魁北克液态奶市场；同年收购Stella Foods，成为美国领先的天然奶酪生产商 2000年收购魁北克欧式奶酪生产商Cayer-JCB Group Inc. 2001年收购Dairyworld Foods，成为加拿大乳品加工业的行业第一 2003年收购Treasure Cave和Nauvoo的蓝奶酪品牌，成为美国零售领域蓝奶酪生产的领导者；同年收购阿根廷第三大牛奶加工企业Molfino Hermanos s.a.，业务扩展到北美以外地区 2005年收购魁北克的Fromage Côté S.A.和Kingsey distribution Inc.以及Schneider Cheese, Inc. 2007年收购美国兰德欧湖西海岸的工业奶酪业务 2008年收购美国威斯康星的阿尔托乳业合作社和Weston Foods (Canada) Inc.的乳品部门Neilson Dairy公司 2009年收购F&A Dairy of California, Inc.
国际市场阶段（2010年至今）	2011年收购Fairmount Cheese Holdings, Inc. 2013年收购Dean公司的子公司晨星食品 2014年收购Warrnambool Cheese and Butter Factory Company Holdings Limited（"WCB"）87.92%的股权和Scotsburn Co-Operative Services Limited的液态奶业务 2015年收购澳大利亚维多利亚的Lion-Dairy & Drinks Pty Ltd的奶酪业务（"EDC业务"），同年收购Woolwich Dairy，成为北美市场领先的山羊奶酪制造商 2017年收购WCB的所有剩余股份、Southeast Milk, Inc.的延长货架期（ESL）乳制品业务和北美最大的山羊奶酪生产商之一Betin, Inc. 2018年收购澳大利亚乳品企业Murray Goulburn Co. Co. Limited和加拿大乳品企业Shepherd Gourmet Dairy (Ontario) Inc. 2019年收购英国的Dairy Crest Group plc和澳大利亚的Lion Dairy & Drinks Pty. Ltd.的特种奶酪业务

资料来源：Saputo企业管网。

1.2 产品结构

公司的产品结构是在企业收购过程中不断丰富和建立起来的。在 1984 年之前，公司主要生产不同种类和品质的奶酪；1984 年，公司收购加拿大魁北克一家将生产奶酪剩余的乳清加工成乳糖和乳清蛋白等增值产品的工厂，将产品由单纯的奶酪扩展到功能性产品的配料；1997 年，通过收购加拿大 Crémerie des Trois-Rivières ltée 公司，开始进入液态奶市场；2015 年通过收购加拿大 Woolwich Dairy 的两家公司，将业务扩展到山羊奶酪。

目前公司的产品主要分为三类。一是零售乳制品，产品涵盖各种羊/牛奶酪、液态奶、奶油、酸奶、酸奶油等各种乳制品。二是餐饮原料，为餐厅烹饪提供的原料和佐料，主要在加拿大和美国销售。三是食品和营养品原料，主要包括奶粉、乳清粉、乳糖和乳清浓缩蛋白等乳制品原料。

公司产品种类在主销国家大同小异，但是品牌却有很大差异，这是因为公司在收购不同国家的乳制品加工厂时保留了大多数原有品牌。比如奶酪品牌有 30 多种，不同的国家以不同的品牌销售（表 2）。

近年来，公司着力高附加值产品的研发创新，增加了新工艺和新产品。在加拿大市场增加品名为"Joyya"的蛋白含量高的超滤牛奶和拥有多种口味的碎奶酪；在美国市场推出了新的无菌包装，扩大产品范围，并支持高附加值超滤牛奶和植物产品的加工和销售；在英国市场推出了一种低脂奶酪，每份产品只含有 82 卡的热量。这些高附加值产品迎合了消费者对健康饮食的需要，也增加了公司产品的利润点。

1.3 经营模式和策略

就近收奶，保障乳品质量。公司是专业的乳制品加工企业，没有奶牛养殖业务，全球 66 家大型乳制品加工厂都是通过"就近"和"择优"原则收购当地奶牛场的生鲜乳进行加工，生产出的乳制品直接供应当地市场或出口国外，保障了最优的乳品质量。

收购路上一路高歌，保留品牌助力销售。公司从成立之初到现在的主要经营策略就是通过行业收购实现业务增长，目前公司已经收购了 5 个国家的 30 多家乳制品加工企业，在收购企业之后会保留该企业的绝大多数品牌。在收购过程中，随着公司规模的不断壮大，产品的种类和自有品牌也在不断增加。这些自有品牌大多都是当地的明星品牌，都有很长的销售历史，当地人对品牌有很深的感情，也非常信任。鉴于此，公司采取与原来相同的工艺和销售渠道来维护品牌的影响力，保持稳定的销售量的同时借助原有渠道进一步深耕市场。

表 2 Saputo 公司在五国的不同乳制品的品牌（截至 2020 年）

国家	牛奶酪	羊奶酪	液态奶或多种乳制品（奶酪、奶油、黄油等）	餐饮原料	食品和营养品原料
加拿大	Alexis De Portneuf、Arms trong、Bari、Cogruet、Duvi llage 186、King sey、Saputo、Stella	Alexis De Portneuf、Woolwich Goat Dairy	Joyya、Milk2go、Milk2go Sport、Baxter、Dairyland、Neilson、Scotsburn、Nutrilalt	Saputo Foodservice Canada	
美国	Black Creek、Dci Cheese、Dragone、Frigo Cheese、Frigo Cheese Heads、Great Midwest、Lorraine、Organic Creamery、Salemville、Saputo、Stella、Treasure Cave	Montchevre、Woolwich Goat Dairy	Dairystar、Friendship Dairies	Saputo Foodservice Usa	
澳大利亚	King Island Dairy、Mersey Valley、South Cape、Mil Lel、Tasmanian Heritage、Warrnambool Heritage Cheddars、Cracker Barrel		Devondale、Great Ocean Road、Liddells、Sungold		Great Ocean Ingredients、Lactoferrin、Whey Protein Concentrate（Wpc）
阿根廷	Stella、Saputo		La Paulina、Molfino Ricrem		
英国	Cathedral City、Country Life、Davidstow		Clover、Frylight、Utterly Butterly、Vitalite、Willow		Promovita

1.4 公司经营状况

2011—2020 年是公司发展最快的"黄金十年",期间公司共收购 13 家大型乳品企业,营业收入增长量是上个"十年"(2001—2010 年)的 2.4 倍。营业收入由 2011 年的 60.0 亿加元提升到 2020 年 149.4 亿加元,增长 149%。调整净收益总体也呈增长趋势,由 2011 年的 4.6 亿加元增长到 2020 年的 6.5 亿加元,增长了 41%(图 1)。

图 1　2011—2020 年 Saputo 公司销售收入和调整净利润发展趋势
(数据来源:2010—2020 年 Saputo 企业年报)

在不同种类产品的销售上,近几年乳制品的零售收入一直占营业总收入的一半左右,相对比较稳定;而餐饮原料收入占比在逐渐降低,由 39% 降到 35%;食品营养品原料收入占比在不断提升,由 11% 提升到 15%(图 2)。

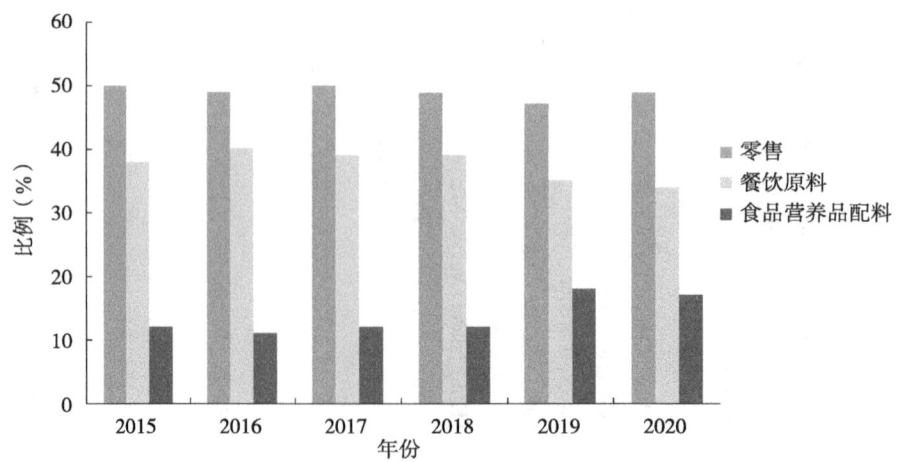

图 2　2015—2020 年 Saputo 公司销售类型占比发展趋势
(数据来源:2015—2020 年 Saputo 企业年报)

在国家的销售收入上,美国由于拥有更多的乳制品加工厂(26家),销售额占比最大;其次为加拿大(21家);第三为澳大利亚和阿根廷(14家);最小为英国(5家)。在2020年,公司在美国销售额占比为47%,加拿大为27%,澳大利亚和阿根廷为21%,英国为5%(图3)。

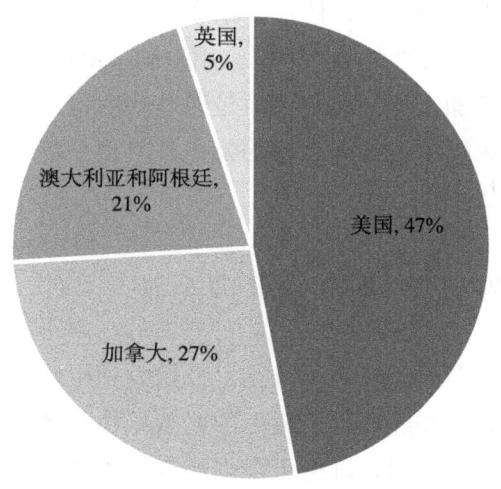

图3 2020年Saputo公司在五国销售收入比例
(数据来源:2020年Saputo企业年报)

2 与奶农的利益联结机制

Saputo公司一直致力于与奶农建立长期、可持续的合作伙伴关系,不断加强与奶农的利益联结,保障奶农群体的利益。

2.1 为奶农提供竞争力的收奶价格

加拿大牛奶生产实行"配额"制度。所谓配额制,即加拿大政府农业主管部门根据全国奶类市场需求确定全国牛奶的总产量,再根据各省奶牛饲养历史状况和人口变化,将生产配额分配到各省。各省再将生产配额分到各个农场,农场根据配额进行牛奶生产。针对配额制内的生鲜乳,代表奶农利益,拥有政府授予的生鲜乳定价权和市场销售权,加拿大奶农协会根据生鲜乳成本制定指导收奶价格并销售,定价制度已写入加拿大相关法律。Saputo公司采取的收奶价格都高于奶农协会制定的指导收奶价格,提供竞争性奶价,保障了奶农的利益和奶源的稳定。

2.2　第三方机构测定乳指标，优质优价保障公平

目前公司与奶农有两种收奶方式，一种是直接与奶农签订合同，另一种是与奶农协会签订合同。相比于与奶农直接合作，公司更希望与奶农协会合作，因为奶农协会代表几十家甚至上百上千家奶牛场，体量比单个奶牛场大，这种合作方式降低了公司管理成本。公司与奶农和奶农协会根据生鲜乳用量和检测的生鲜乳指标进行按质论价，生鲜乳的乳指标不由养殖加工双方决定，而是通过政府指定，双方认可的第三方机构进行测定，优质优价，保障了生鲜乳交易的公平，而且一旦发生争议，第三方提供证明也具有很高的法律效力。

2.3　奶款月结，保证牧场的充足现金流

公司与奶农和奶农协会的奶款都为月结，公司收到生鲜乳后，及时将奶款交给奶农和奶农协会，奶农协会将扣除管理费用后的奶款尽快打到奶农账户，保障牧场有充足的现金流，及时购买生产资料，维持正常生产或是改进管理水平和改扩建牧场，尤其对于有贷款的牧场，可以及时归还贷款，避免不必要的损失。

2.4　成立动物福利委员会，为牧场提供技术服务

动物福利关系到奶牛的健康和生鲜乳的质量，而生鲜乳的质量很大程度上决定着乳制品的质量。公司非常重视动物福利问题，花费大量人力对员工和交奶牧场员工进行培训，仅 2020 年就有 21 221 人通过动物福利培训。公司还专门成立动物福利委员会，该委员会由公司各部门的高级管理人员组成，每年定期深入牧场，为牧场宣传动物福利相关知识，督促牧场按照动物福利相关流程进行牧场管理，从工作的各方面对牧场的生产提出意见。

2.5　注重培养"牛二代"，提供系统化专业化培训

由于加拿大有着悠久的奶牛养殖历史，很多牧场都经营了上百年，而且加拿大土地实行私有化政策，对"牛二代"人员培养是牧场关注的重要问题。公司一直致力于对牧场"牛二代"的培养，为牧场未来更好的发展和与公司的长久合作奠定了坚实的基础。

3 对中国奶业发展的启示

目前，我国奶业正处在缺奶的形势之下，乳品企业"争奶"现象严重，很多乳品企业都通过提高奶价，给牧场提供低息或是无息贷款等多种方式来吸引牧场交奶。但是一旦缺奶形式有所改善，乳品企业就有可能降低奶价，若出现奶源过剩，奶价甚至低于公斤奶成本，这给牧场的发展带来很大的威胁，对行业的可持续发展也带来了隐患。究其原因，主要在于养殖和加工双方没有建立起稳定牢固的利益联结机制。而 Saputo 公司一直致力于维护和保障奶农的利益，认为只有让奶农受益，才能保障乳品企业高质量的奶源稳定，公司才能长久发展。在此背景下，分析 Saputo 公司发展特征和趋势，借鉴其成功经验，提出如下意见。

3.1 建立国家层面的生鲜乳定价机制

国内的生鲜乳价格制定和乳指标的检测完全是由乳品企业完成的，在这其中，乳品企业"既是运动员，又是裁判员"，不能保障交易的完全公平。Saputo 公司严格执行加拿大生鲜乳定价机制，提供高于指导价格的竞争性奶价，经过第三方检测机构进行优质优价，当双方发生争执时，第三方检测机构还能提供有法律效力的检测报告，生鲜乳定价机制已写入相关的法律。建议从国家层面不断完善以优质优价为核心的生鲜乳定价机制，探索适宜国内形势的生鲜乳价格形成机制，并通过主管部门对社会公布，进一步完善第三方检测，实现生鲜乳生产、收购与检测的相对独立，为生鲜乳优质优价的定价机制奠定基础。此外，在条件成熟的情况下，可以将定价机制和第三方检测制度写入相关法律，确保其有序有力执行。

3.2 加强"牛二代"的培训

由于国内奶牛养殖的起点较晚，目前牧场负责人老龄化非常严重，据统计，2018 年国内牧场负责人 50 岁以上人员比例超过 30%，再过 10 年国内牧场将面临严峻的负责人接班问题。国内乳品企业应该借鉴 Saputo 公司的经验，加强对牧场"牛二代"的培养，建立强有力的合作关系。

3.3 向高附加值乳制品市场发力

目前国内的乳制品消费仍以液态奶为主，奶酪、黄油等高附加值的乳制品消费量还很低。我国奶酪的人均消费量仅为 40 克,是美国的 1/400 和日、韩的 1/60,奶酪含有丰富的蛋白质、钙、脂肪、磷和维生素等营养成分,被誉为乳品中的"黄金",而且奶酪生产还能解决国内奶源季节性供需不平衡的问题。由于饮食习惯的问题,作为餐饮原料的乳制品消费在国内也处在较低水平。乳品企业加强对奶酪、黄油等高附加值乳制品的创新研发力度,生产出更加符合中国人口味的高附加值乳制品,丰富国内乳品市场,提升国内乳制品消费信心。

参考文献

方有生,2004.加拿大奶业管理配额制度 [J]. 中国奶牛 (1): 53-54.

刘利清,2014.奶酪的营养价值及发展现状 [J]. 农产品加工 (2): 42-43.

彭华,王晶晶,彭蕾,2020.2019 年奶源形势分析及 2020 年展望 [J]. 中国乳业 (1): 9-13.

王礠礠,邵大富,张超,等,2020.中国奶牛养殖业人力资源现状、存在问题及措施建议 [J]. 黑龙江畜牧兽医 (14): 12-17.

杨云生,2018.如何实现奶酪品类国产快消化 [J]. 中国乳业 (10): 21-25.

阿格鲁普尔

Agropur

- 总部：加拿大
- 成立时间：1938 年
- 企业性质：合作社，区域性综合性食品加工企业
- 2020 年乳制品销售额：56 亿美元
- 2021 年"全球奶业 20 强企业"排行榜：No.16

> Agropur 公司是加拿大最大的奶业合作社企业，公司由交奶的奶农所共有，来自加拿大全国 5 个省的 2 974 名奶农是公司的股东。目前在岗员工 7 700 名，在加拿大和美国都设有乳品加工厂，2020 年加工牛奶体量达 66 亿升。产品通过了加拿大食品检验署（CFIA）和美国食品和药物监督管理局（FDA）的食品要求。在 2016 年和 2017 年，公司被 Gustavson 品牌信任指数（维多利亚大学发布）评为加拿大最值得信赖的乳制品品牌，公司还采用全球食品安全倡议（GSFI）标准，并坚持食品质量安全（SQF）项目的原则，这些高标准确保了公司产品的卓越水平和全球声誉。在 2014 年，Agropur 收购总部位于明尼苏达州的家族企业 Davisco 食品企业，销售额从 2014 年的 46.6 亿美元上升至 2015 年的 58.7 亿美元，并于 2016 年首次进入"全球奶业 20 强企业"排行榜。在荷兰合作银行发布的 2021 年"全球奶业 20 强企业"排行榜中，公司以销售额 56 亿美元居全球第 16 位。

1 公司发展

1.1 公司背景

1938 年，世界经济陷入萧条已近 10 年，来自加拿大魁北克格兰比镇的农学家 Alpha Mondou 和农民 Omer Deslauriers 召集了当地 87 名奶农联合出资（每人大约 50 美元），本着团结、民主、自助和自我负责的原则成立合作社 Société coopérative agricole du canton de Granby，这就是最初的 Agropur 公司。合作社成立之初主要向其成员提供饲料、种子和肥料，并组织销售牲畜，但很快合作社开始专注于牛奶的加工。

20 世纪 40 年代初，开始制作黄油和少量奶酪，之后为开辟新市场进军奶粉和浓缩牛奶领域，1971 年添加了酸奶和液态奶产品，1978 年添加了高级奶酪产品。合作社成立至今，已经进行了 140 多次并购，到 2020 年，年销售额总计达 77 亿美元。1995 年将业务从加拿大魁北克省扩展到安大略省，1998 年扩展到加拿大西部，2008 年扩展到美国，2013 年扩展到加拿大大西洋地区，截至 2020 年，Agropur 公司成为北美最大的乳制品加工合作社。

1.2 产品结构

公司产品主要有牛奶、奶油、奶酪、黄油、冰淇淋等乳制品，以及柠檬水和功能性饮料等非乳制品。目前拥有14个乳制品品牌和1个功能性饮料品牌，在不同的国家销售的品牌也各有不同，在国际上销售的品牌为OKA、Natrel和Bipro；在美国销售的品牌为Master Reserve和Bipro；在加拿大销售的品牌既有Grand Cheddar、Allegro等专业奶酪和Iceberg专业冰淇淋品牌，也有Farmers、Islands Farm等包含液态奶、奶油、冰淇淋、黄油等综合品牌，共有11个品牌（表1）。

表1 Agropur公司全球销售品牌和品类

国家/地区	品牌	产品品类
国际	OKA	奶酪
	Natrel	液态奶、奶油、黄油、冰淇淋、干酪等
	Bipro	含9种必需氨基酸和3种支链氨基酸，具有修复、调节和锻炼肌肉的功能性饮料
美国	Master Reserve	奶酪
	Bipro	含9种必需氨基酸和3种支链氨基酸，具有修复、调节和锻炼肌肉的功能性饮料
加拿大	Grand Cheddar	切达奶酪
	Allegro	奶酪
	Agropur Signature	奶酪
	Anco	奶酪
	Farmers	液态奶、冰淇淋、奶油
	Iceberg	冰淇淋
	Central Dairies	液态奶、奶油
	Islands Farms	液态奶、冰淇淋、奶油、奶酪
	Scotsburn	液态奶、黄油
	Sealtest	液态奶、奶油、奶酪、柠檬水
	LUCERNE	液态奶

资料来源：Agropur企业官网。

此外，公司还为世界上50多个国家的一些著名的食品、饮料和营养企业，及行业提供生产配料。这些配料75%运往除美国以外的国家和地区，用于开发新产品、改善产品风味、简化生产流程、改善质地、延长保质期、增强营养、提高产量或获得更好的感官口味等。

2020全年加工牛奶共66.3亿升，其中80%用来制作奶酪、配料和黄油，18%用来制作新鲜的乳制品，2%用于酸奶和冷冻产品（图1）。

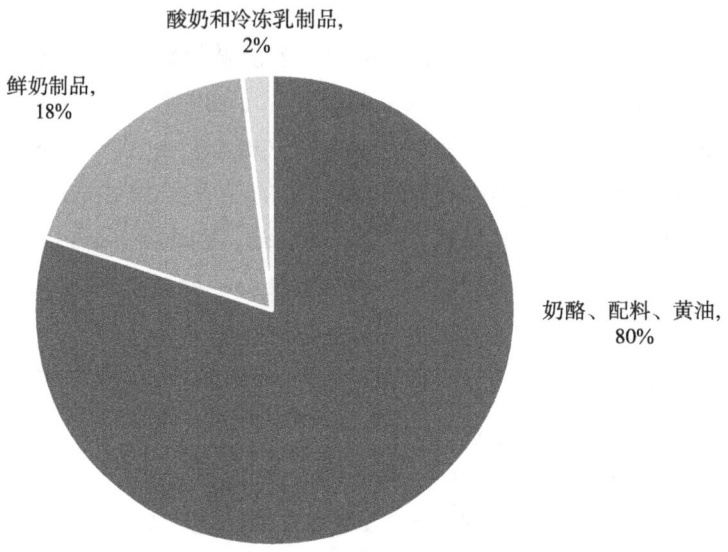

图1 Agropur公司生产乳制品比例
（数据来源：Agropur 2020年企业年报）

1.3 经营模式和策略

公司是由奶农所拥有的，所以每个奶农都享有公司股份，股份的多少根据牧场的规模和产奶量决定。由于股东众多，为便于管理和决策，公司成立董事会，无论牧场的大小，每个奶农都有选举权。董事会聘请专业的管理团队负责公司的日常运营，管理团队要对董事会负责，定期要向董事会汇报管理和业绩情况。此外，公司每年要举办不少于60次的董事会会议将董事们聚集到一起，一方面，传达公司的决定；另一方面，董事可以对于公司的发展提出个人意见。让所有奶农都参与到公司的运营当中，同心协力，保障了稳定的奶源。

此外，公司坚持100%牛奶来源于加拿大，在美国和其他地区不收购生鲜乳。产品都具有差异性，满足了高品质和特殊消费群体的需要，比如Natrel品牌中的精细过滤牛奶，通过精细过滤技术，在冷藏和未开封的情况下，保证比常规巴氏杀菌牛奶多15天保持新鲜，保证新鲜的同时提升了保质期；还有一些无乳糖的黄油、牛奶、冰淇淋，让乳糖不耐症患者也能享受乳制品的美味。Masters Reserve品牌的优质奶酪是在Pat Doell、Roger Krohn、Terry Lensmire和Dan Stearns四位知名奶酪大师监督和指导下完成的，这成为该产品最大的卖点。

此外，公司非常重视创新，致力于从牛奶中提取有益成分，比如2017年公司从牛奶中提取的糖巨肽（GMP）为公司赢得了美国乳制品研究所和乳制品杂志颁发的著名的乳制品成分创新突破奖，GMP可以用于帮助满足苯丙酮尿症（PKU）儿童的营养需求和防止蛀牙和牙菌斑的形成。公司还研发α-乳清蛋白的分离物，用于生产更接近母乳的婴配粉，以及其他专门的乳糖衍生物。这为公司的未来产品战略奠定了扎实的基础。

1.4 公司经营状况

2008—2020年，公司营业收入和营业利润都稳步增长，营业收入由2008年的26.8亿美元增长到2020年的77.1亿美元，增长了188%；营业利润由2008年的1.9亿美元增长到2020年的4.6亿美元，增长了142%，年报显示，2018年和2019年两年运营收益处于低位的主要原因在于奶酪和乳清粉价格相对低迷，2020年奶酪价格2.02美元/磅，比2019年上涨19.5%；公司产能也在不断扩大，加工牛奶的数量已经由2008年的22.6亿升增长到2020年的66.3亿升，增长了193%（图2）。

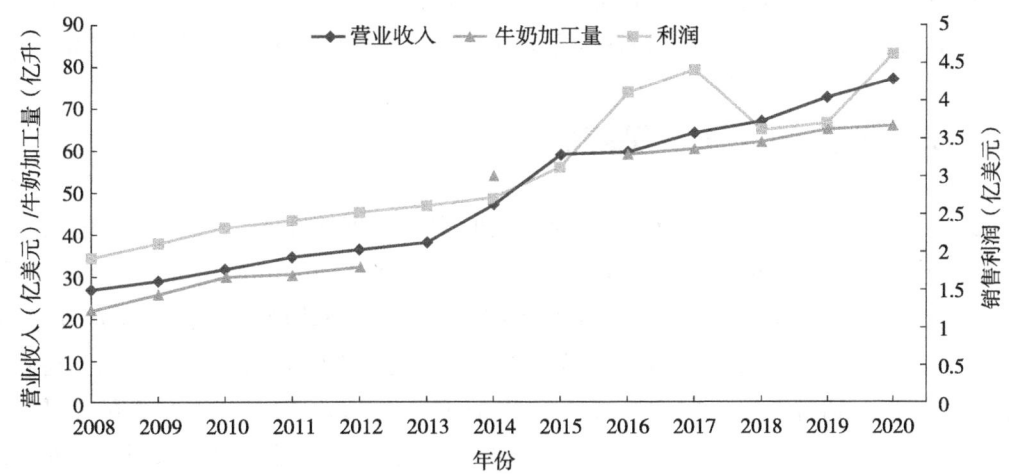

图2　Agropur公司2008—2020年营业收入、牛奶加工量和利润发展趋势
（数据来源：Agropur 2008—2020年企业年报）

2　与奶农的利益联结机制

作为奶农拥有的公司，养殖入股加工，养殖和加工利益与共，这种机制保障了公司长期高速发展。

2.1 奶款加股息分红，利益联结紧密

股东们的收入来源于两个部分，一是奶款，股东的牧场每天产出的牛奶都会通过加工厂的鲜奶运输车运入乳品加工厂进行加工，根据生鲜乳的质量和产量，以及养殖和加工双方协商的价格，乳品厂会将奶款打入相应股东的账户。二是股东分红，公司年底的收益除了用于未来发展的储备资金、雇员工资和社会捐赠之外，其余收益都会作为红利分配给股东，具体的分配则根据股东牧场当年提供的生鲜乳总量制定。2020年，奶农们从公司获得的股息为0.435亿美元，红利为15.6亿美元。

2.2 奶农参与经营，提升归属感

为便于管理，公司成立董事会，每三年进行一次董事会成员选举，董事会由13名股东组成，负责涉及公司发展的重大决策。公司还聘请高级管理团队负责公司日常管理和运营。为便于众多股东与管理团队沟通，每年都会举行不少于60次甚至上百次会议，在2018年公司就举行95场会议，每一个奶农都参与了公司的决策，提升了个人归属感和自豪感，这种沟通模式被认为是公司成立以来能够不断发展的重要基础。

2.3 双向监督和沟通，保障乳品质量

公司下设两个组织便于股东与管理层及时交流、保障牛奶质量和奶牛健康，即"团结委员会"（Solidarity Committee）和"会员关系委员会"（Member Relations）。团结委员会由来自加拿大的700多名协调员组成，负责监督和协调股东们的生产和生活，他们会定期拜访牧场，监督牧场的牛奶生产，并向他们提供公司的决策信息，还收集他们的意见带回到管理层，比如奶农对于奶款的不同意见也可通过团结委员会带回高级管理层及时沟通解决。会员关系委员会则是一个专业的牧场管理技术团队，他们深入牧场，为股东牧场提供动物福利和牛奶生产等各方面专业知识服务和宣传，如奶厅管理、牛奶储存等日常管理，公司要求农场在动物福利方面要遵守"国家农场动物护理委员会（NFACC）"（加拿大）、"proAction 国家强制性认证计划"（加拿大）和"确保负责任管理的农民（FARM）"（美国）标准。此外，会员关系委员会还负责为牧场提供各种专业技术培训。

2.4 建立培养计划，培养牧场接班人

为培养牧场接班人，公司成立了青年合作社领导人计划，该计划是专门为35岁以

下的"牛二代"设计，需要一年时间完成，包括参观乳制品加工厂和与其他行业的合作社成员举行会议等活动。目的是让这些年轻人融入公司的交往生活。目前通过该计划已培养牧场"牛二代"130名，这些"牛二代"可能最终接管家庭农场。

❸ 对中国奶业发展的启示

我国奶业发展历史决定国内的乳品企业跟 Agropur 公司有很大的不同，Agropur 公司是由奶农联合成立合作社后建立的乳品加工公司，所有权在奶农。而国内的乳品企业更多专注于乳品加工，跟养殖是基本分离的，利益也相对分离。虽然有很大的不同，但仍然有很多可以借鉴的地方。

3.1 养殖参与加工决策，提升养殖地位

俗话说"得奶源者得天下"，养殖是奶业行业的根本。通过让奶农参与决策，一方面，可以让奶农了解目前和未来一段时间行业发展的趋势，从而提前做出应对措施，比如奶业消费市场未来一段时间可能处于低迷状态，奶农此时可以在提升奶牛淘汰率和保持奶牛健康水平方面发力，建立核心奶牛群，为下一轮奶价增长做足准备，从而整体提升牧场效益。此外，奶农也可以从养殖端提出一些意见，为从整个产业链角度做出决策提出参考。另一方面，可以提升奶农的参与度，让奶农感觉到自己跟乳品公司是一体的，自己的优质牛奶被加工成优质的乳制品提供给消费者，提升自豪感。这样一来，双方都受益，既稳定了奶源，又提升了决策的正确度和全面度。

3.2 重视奶牛福利，提升乳品质量

Agropur 公司非常重视奶牛福利，成立专业的委员会，督促牧场按照动物福利和奶牛场标准流程进行日常管理，而且管理过程中必须符合相应的动物福利标准。目前国内很多乳品企业也开始重视动物福利问题，但是更要重视奶源质量，只要奶源质量没问题，就不会深究，而且也没有成立专业相关的机构，也没有相应的管理标准。乳品企业应该成立专业的动物福利团队，深入牧场，建立标准的动物福利流程，并设立奖惩措施，保障奶牛福利，助力行业健康可持续发展。

3.3 向高附加值乳制品市场发力

Agropur 公司 8 成的牛奶用于奶酪、黄油等高附加值的乳制品生产,只有 2 成的牛奶用于液态奶生产。而国内正好相反,乳制品生产和消费仍以液态奶为主,奶酪、黄油等高附加值的乳制品消费量还很低。我国奶酪的人均消费量仅为 40 克,是美国的 1/400 和日、韩的 1/60。奶酪、黄油等高附加值的乳制品含有很高的营养价值,8 升优质牛奶才能生产出 1 千克的优质奶酪,奶酪对于人类的健康非常有益,奶酪等高附加值乳制品研发和推广对于乳制品品类的丰富和奶业的全面振兴具有重要意义。乳品企业应加强对奶酪、黄油等高附加值乳制品的创新研发力度,生产出更加符合中国人口味的高附加值乳制品,丰富国内乳品市场,提升国内乳制品消费信心。

3.4 加强对牧场"牛二代"的培养

目前国内很多牧场也面临接班问题,乳品企业可以设定相关的计划和投入资金,加强对牧场"牛二代"的培养,一方面提升他们的专业素质,为未来合作奶牛场的高效高质发展奠定基础;另一方面让他们尽早融入公司的氛围,提升对公司文化的认可度,为未来更加紧密愉快的合作奠定基础。

参考文献

杨云生,2018. 如何实现奶酪品类国产快消化 [J]. 中国乳业 (10):21-25.

恒天然

Fonterra

- 总部：新西兰
- 成立时间：2001 年
- 企业性质：合作社，全球性纯乳品企业
- 2020 年乳制品销售额：136 亿美元
- 2021 年"全球奶业 20 强企业"排行榜：No.6

> 恒天然合作社有限公司（Fonterra Co-operative Group），以下简称"恒天然"，总部位于新西兰奥克兰。2001年10月，新西兰乳品集团（New Zealand Dairy Group）、新西兰合作乳品公司（Kiwi cooperative Dairies）和新西兰乳品委员会（New Zealand dairy Board）合并成立恒天然。目前，恒天然已成为新西兰乃至世界乳品行业中最大的合作社，出口新西兰近95%的乳制品，控制着超过三分之一的国际乳制品贸易。恒天然作为一个超大型跨国合作社，拥有上万名奶农股东，生产奶粉、奶油、黄油、干酪、芝士等近百种产品，销往150多个国家和地区，形成了安佳（Anchor）、安怡（Anlene）、安满（Anmum）、丰力富（Fernleaf）等多个知名品牌。在荷兰合作银行发布的2021年"全球奶业20强企业"排行榜中，以销售额136亿美元[①]位居第6位。

1 公司发展

1.1 发展历程

新西兰乳业发展最早可以追溯到1814年，英国传教士塞缪尔·马斯登带着一头公牛和两头母牛来到新西兰，得天独厚的温带气候条件使得新西兰乳业开始稳步发展。当时一些颇具远见的奶农发现合作社模式可以进行有效的资源整合，于是1871年新西兰第一个合作社性质的奶酪公司在奥塔戈半岛成立，之后合作社数量不断增加，到20世纪30年代乳品合作社总量超过400家。合作社产品也日趋多元化，由最初的黄油、奶酪、奶粉发展到脱脂牛奶、涂抹奶油、乳清蛋白粉、益生菌等多种附加产品。在合作社发展壮大过程中，新西兰乳制品出口业务不断扩张，合作社开始兼并成为更大的团体以整合资源，应对国际市场的风险。为了确保新西兰在全球主要乳制品出口国中的地位，2001年10月，新西兰最大的两个乳品合作社——新西兰乳品集团（New Zealand Dairy Group）和新西兰合作乳品公司（Kiwi cooperative Dairies）以及新西兰乳品委员会（New Zealand dairy Board）合并，恒天然应运而生，成为新西兰乃至世界乳品行业中最大的合作社。恒天然由上万名奶农共同拥有，出口新西兰近95%的乳制品，控制着全球超过三分之一的乳制品贸易。

---

① 按照恒天然年度财务报告中恒天然当年适用汇率将新西兰元折算为美元。

1.2 业务板块

恒天然在全球有原料业务、消费业务和餐饮业务三大板块，其中原料业务是主要业务，2019年和2020年原料业务收入超过70%（图1）。2016—2020年餐饮业务不断发力，业绩持续增长，收入占比由8.7%增至10.9%，但消费业务有所下滑，收入占比由23.9%降至17.5%。

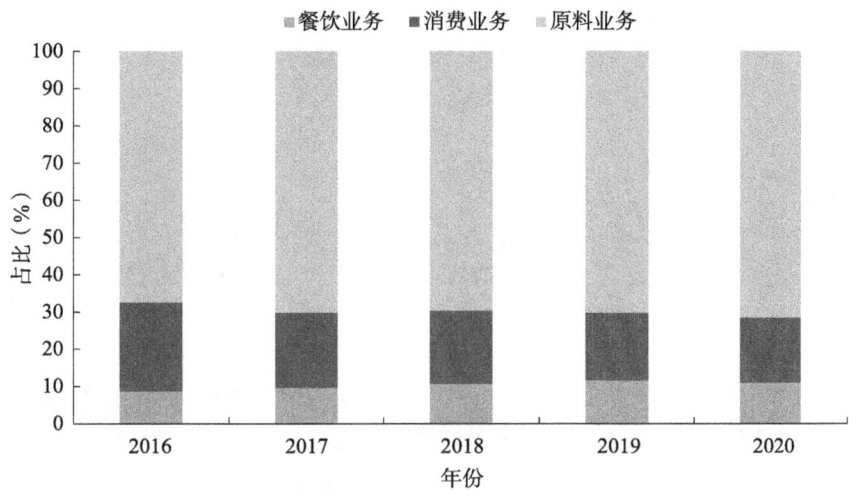

图1 2016—2020年恒天然三大业务板块收入占比
（数据来源：恒天然历年财务报告）

恒天然的原料业务 NZMP™ 遍及130多个国家，包括乳粉、蛋白质、黄油、奶油、乳脂、奶酪和其他特殊成分等，并应用于运动营养、婴幼儿营养、医疗营养、健康衰老、功能性饮料等各方面（图2）。餐饮业务在 Anchor™ 专业品牌引领下，恒天然服务全球50多个国家，为餐厅、咖啡馆和烘焙店等提供乳制品原料，充分发挥乳制品的作用以及它在不同产品中所扮演的角色，并且不断开发了一系列行业领先的产品，以满足商业需求和客户口味，帮助客户提高生产率，增加产量，减少浪费和提升口味。恒天然的消费品包括牛奶、奶粉、酸奶、黄油和奶酪等，形成了 Anchor™、Anlene™ 和 Anmum™ 三个国际品牌，通过本地品牌相结合，形成了多个本土知名品牌。在澳大利亚，通过收集加工当地的牛奶，加工成优质的乳制品和配料，形成了 Western Star™、Perfect Italiano™、Mainland and Bega™ 多个当地知名品牌；在智利，2008年收购智利最大乳制品公司，将 Soprole™ 品牌和其配料业务推向全球，为3.3万名客户提供乳制品原料和餐饮产品；在巴西，通过与 Nestlé（雀巢）的合资公司 DPA 合作，每年收集和加工30亿升牛奶，满足巴西市场的需求（图3）。

图 2　恒天然部分产品展示
（资料来源：恒天然官网）

图 3　恒天然主要品牌 logo
（资料来源：恒天然 2020 年可持续发展报告）

1.3　产业布局

恒天然在全球范围拥有 47 个加工基地，生鲜乳年收购量达 191.3 亿升。收奶方式主要有两种，一种是直接从牧场收集生牛乳，主要集中在新西兰、澳大利亚和拉丁美洲，加工基地也主要集中在这些地区，其中新西兰加工基地 29 个，收奶量为 169.01 亿升，占总收奶量的 88%，澳大利亚 6 个，拉丁美洲 5 个。另一种是使用进口散装原料为市场生产产品，主要集中在非洲、中东、欧洲、北亚和美洲。例如 AMENA 地区生鲜乳收购量为零，但拥有 3 个加工基地；其他亚太地区生鲜乳收购量只有 0.11 亿升，拥有 4 个加工基地。此外，员工也呈全球性分布，员工总数为 20 278 人，其中新西兰员工占比 58%，拉丁美洲员工占比 15%；中国员工占比 8%；澳大利亚员工占比 6%；其余 13% 的员工分布在其他地区（表 1）。

表1 恒天然员工人数、加工基地、生鲜乳收购量全球分布情况

国家/地区	员工（人）	加工基地（个）	生鲜乳收购量（亿升）
AMENA①	522	3	0
中国②	1 625	0	2.98
其他亚太地区	2 066	4	0.11
美国	86	0	0
澳大利亚	1 276	6	13.83
新西兰	11 757	29	169.01
拉丁美洲	2 946	5	5.37
合计	20 278	47	191.3

①AMENA——非洲、中东、欧洲、北亚和美洲（包括拉丁美洲）。
②中国区牧场于2020年10月出售。
数据来源：恒天然2020年可持续发展报告。

1.4 管理模式

恒天然合作社由董事会管理，执行公司各项决议，负责与重要利益相关者进行沟通，包括股东、员工、客户、农民、政府和社区。董事会下设6个委员会分管不同业务，包括人与安全委员会、审计及财务委员会、风险管理委员会、合作社委员会、奶农董事提名委员会、牛奶价格委员会。董事会人员的产生由奶农股东投票决议，奶农以自愿入股的方式加入公司，按照《恒天然配股标准》，奶农每季提供1 000千克的乳固体就拥有一票表决权，参与投票选举。另外，公司设有监事会对董事会活动进行监督，奶农股东可以对监事会进行审查。同时，定期召开公司董事、高管和股东的对接会议，所有奶农股东可通过线上方式参与会议，参与合作社管理。

1.5 经营情况

2008—2020年，恒天然销售收入一直保持在100亿美元以上（图4）。作为跨国合作社，恒天然的经营业绩受到国际市场的严重影响，销售额波动较大，尤其是2009年、2015年和2016年经历三次较大幅度的业绩下滑。2008年，参股的三鹿集团三聚氰胺奶粉事件对恒天然经营业绩带来重大影响，销售额由2008年的144.39亿美元降至2009年的107.43亿美元，同比下降26%。2014年，由于国际奶粉价格断崖式下降，2015年销售额同比下降31.55亿美元。2015年4月1日，欧盟配额制正式取消，欧盟

地区乳制品出口冲击国际市场价格，2016年销售额继续下滑至122.11亿美元。2017年以来，恒天然销售额较为稳定，2020年恒天然以销售额138.44亿美元在全球奶业20强企业中，居第6位。

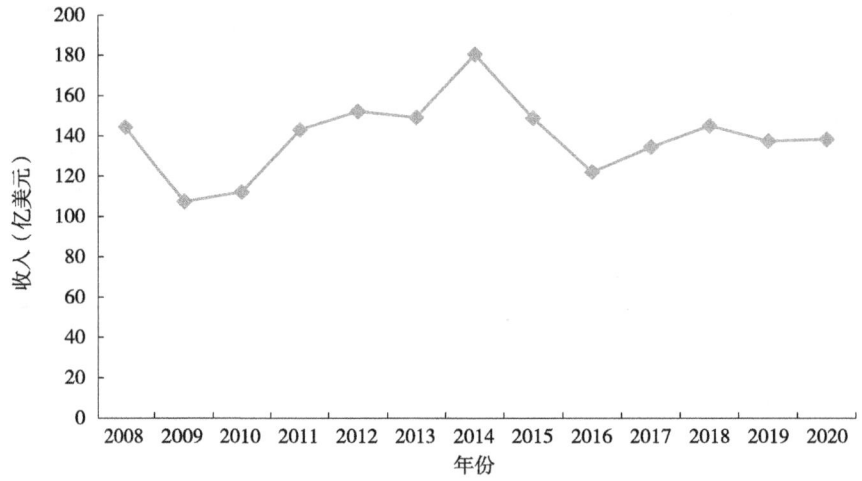

图4　2008—2020年恒天然销售收入
（数据来源：恒天然历年财务报告）

2 在中国的发展

恒天然在中国市场深耕多年，先后与国内企业合作，并在中国建立自有牧场。2005年恒天然入股三鹿集团，持有其43%的股份，2008年9月三聚氰胺事件爆发后，恒天然注销在三鹿集团的投资。2007年在中国投建第一个牧场，2014年与雅培联手，在中国共同投建自有牧场，由于经营不善，2020年以25亿出售中国牧场。2015年，恒天然入股贝因美，重回中国乳制品加工市场，投资4年后，恒天然不断减持贝因美股份（表2）。

虽然在华投资不利，但恒天然一直将中国市场作为重点发展目标，至今，中国市场已成为恒天然业绩增长的强劲动力。恒天然大中华区总部设于上海，并在中国香港和中国台湾设有分公司，共同推进其综合业务。原料产品有乳粉、乳蛋白、乳脂、干料、特殊干料等，基本涵盖了所有乳制品类别。在食品服务领域，2020年恒天然产品和服务已触达372个中国城市，服务超过78 000个餐饮网点，超3 000种的产品组合，形成了覆盖全国绝大部分地区的强大业务网络。在终端消费市场，恒天然已拥有包括

表 2 恒天然在中国发展大事记

时间	事件
2005 年	恒天然战略入股三鹿集团，以 1.07 亿美元持有 43% 的股份
2007 年	在河北唐山玉田县建立第一个牧场
2008 年	三聚氰胺奶粉事件爆发，恒天然注销在三鹿集团的投资
2009 年	安怡和安满产品重新在中国市场上市
2011 年	与河北省玉田县政府正式签署协议，在玉田县新建第二个牧场
2014 年	恒天然与雅培联手，在中国共同投建合资牧场
2014 年	入股贝因美，重回中国乳制品加工生产市场
2015 年	完成对贝因美的要约收购，成为其第二大股东，持股占比 18.82%
2015 年	在广州成立恒天然应用中心，服务餐饮业务
2020 年	出售在中国的自有牧场
2021 年	减持贝因美股份，持股比例降为 2.82%

数据来源：恒天然官网综合整理。

常温奶、鲜奶、佐餐乳品、成人奶粉等近 50 个创新产品组合。2017—2020 年，中国区餐饮业务与消费业务均呈上升趋势，尤其是餐饮业务表现突出（图 5）。2021 年 3 月 17 日，恒天然公布 2021 财年上半年业绩报告，首次单独披露中国市场业绩，营收 142.94 亿元，调整后税前利润同比增长 38%，达到 15.83 亿元。

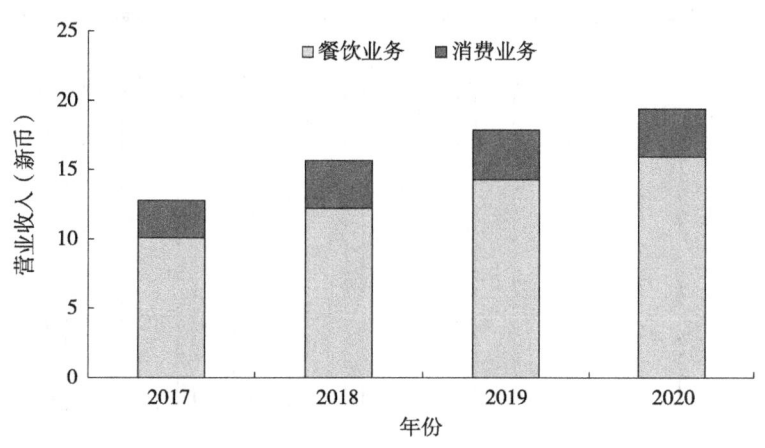

图 5 2017—2020 年恒天然中国营业收入
（数据来源：恒天然 2020 年财务报告）

恒天然始终坚持履行企业社会责任，不断推进在华公益项目。2009 年，与宋庆龄基金合作会成立了恒天然农村母婴保健项目，为中国农村地区的孕婴群体提供医疗服务和建议。2010 年设立了恒天然奖学金，该奖学金价值 500 万元人民币，惠及 1 300 多名高校学习农业或食品科学领域的中国学生。自 2014 年以来，先后开展了为贫困学生捐赠电脑、乡村母婴健康项目、奶农培训、女童保护、假期支教等公益活动，在改善弱势群体健康和扶持国内乳业人才方面投入了大量的人力和物力。

3 与奶农的利益联结机制

3.1 收奶模式

奶农为恒天然供应牛奶，采用"股东制为主、合同制为辅"的收奶方式，供奶量按照每千克乳固体为单位进行计算。整体来看，2008—2020 年，恒天然乳固体收集总量由 11.92 亿千克增至 2020 年的 16.14 亿千克，收奶量保持增长趋势（图 6）。但 2015 年以后，随着股东奶农数量直线下降，由 10753 降至 9461，股东收奶量也呈下降趋势，其中 2016 年股东收奶量较上年减少 0.67 亿千克，降至 14.53 亿千克。然而合同收奶量不断增长，由 2008 年的 0.09 亿千克增至 2020 年的 0.87 亿千克，尤其是 2016 年合同收奶量达到 1.13 亿千克的峰值，有力的缓解了股东奶农收奶量的不足，保障了总体收奶量的充足。

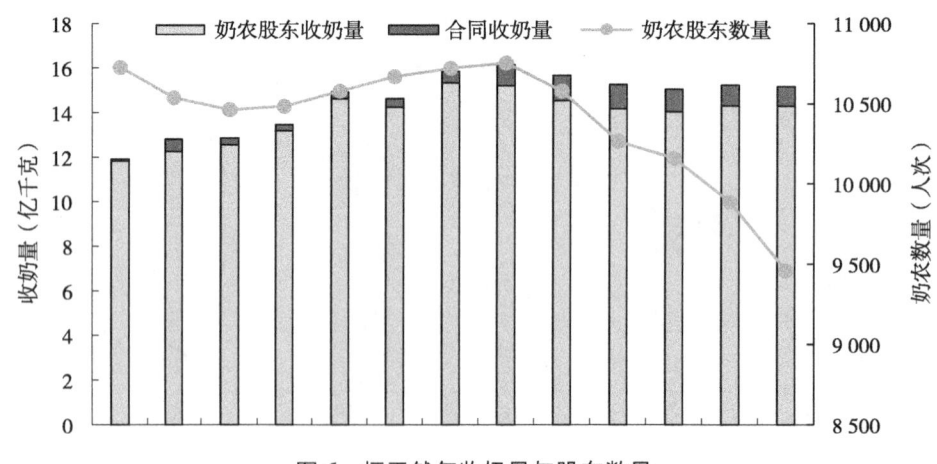

图 6　恒天然年收奶量与股东数量

注：收奶量按照每千克乳固体为单位进行计算。
（数据来源：恒天然历年财务报告）

3.2 利益联结机制

3.2.1 定价机制合理透明,保障奶农权益

由于出口新西兰 95% 的牛奶,所以没有形成由市场供应竞争确定的"市场价格",因此使用独立的方法来计算奶价,即"Farmgate Milk Price"(牧场牛奶价格)。恒天然将奶农提供的生鲜乳折算为乳固体,奶农生产 1 千克的乳固体就占一股,每月按入股数结算奶款,并在年末计算每股股息并进行分红,即牛奶的最终价格由牧场牛奶价格和每股股息组成(图 7)。牛奶价格具体定价方法是,首先以全球乳制品拍卖平台(Global Dairy Trade,简称"GDT")的交易价格为基准确定销售乳制品的总收入。"GDT"拍卖平台由恒天然于 2008 年搭建,一般每两个星期组织一次拍卖,买家遍布全球 90 多个国家,其拍卖价直接影响全球乳制品定价。恒天然将一个生产季度采集的所有牛奶转化为全脂乳粉(WMP)和脱脂乳粉(SMP)及酪乳粉(BMP)、黄油和无水乳脂(AMF)等副产品作为等价物来计算收入,以 GDT 交易价格为基准,最终按照恒天然的实际月平均外汇兑换率换算成新西兰元。另外,对于奶酪、婴配粉等附加值较高的产品,有一定的品牌溢价,进行单独计算。然后,扣除营业成本、相关费用与资本回收,包括将原料奶运输到工厂与新西兰运输到出口点的成本,生产成本,以及销售和管理费用,还包括固定资产折旧金额和适当的投资回报(包括营运资本投资),以及其他符合规定发生的实际成本,最后得到牛奶年度总价格,在奶款和股东收益之

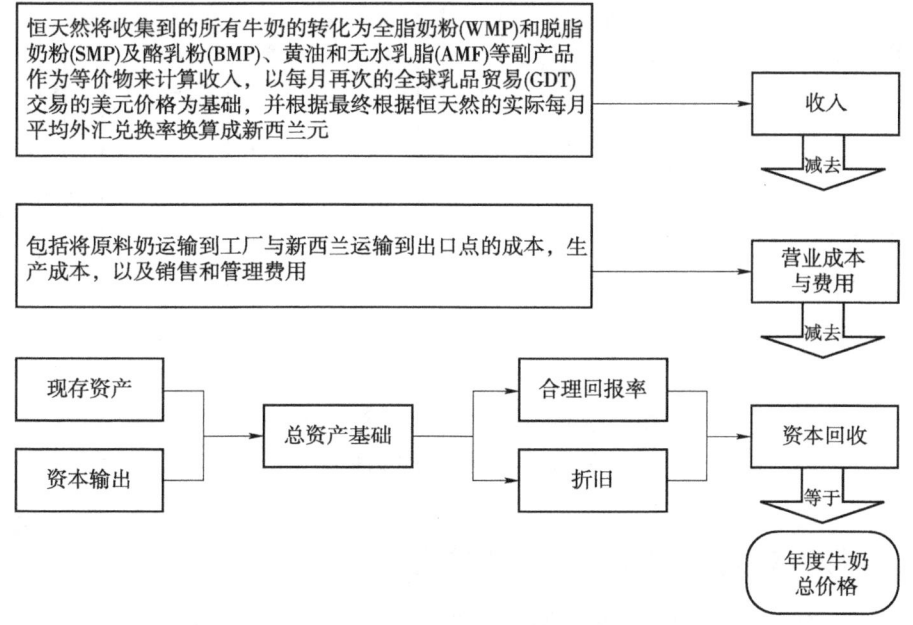

图 7 恒天然牛奶定价方法
(数据来源:恒天然官网综合整理)

间进行分配，最终折算为每千克牧场牛奶价格。同时，为保证牧场的现金流，恒天然根据牧场牛奶价格预测区间中间值的 65% 为基准，每月 15 日提前为奶农预付奶款，最终奶价的差额在季度末结算。

3.2.2 借助金融工具干预，降低奶农风险

由于大部分奶农既是生产者又是公司股东，决定了奶农收入分为 2 个部分，即奶价和股东分红，奶农根据每季度的牛奶供应量持有一定比例的股份，在季度末获得股息。由于恒天然奶价与国际市场高度联动，2008—2020 年恒天然牛奶价格波动较大，2014 年每千克乳固体最高价格达到 8.5 新币，2016 年最低牛奶价格跌至 4.3 新币，价格差距悬殊（图 8）。奶价波动直接影响奶农利益。为降低奶农风险，恒天然通过全球乳制品交易平台（GDT）促进全球乳制品交易，建立乳制品期货和期权市场，以保障自身利益以及恒天然背后数量庞大的奶农利益。奶农还可以借助新西兰股票交易所（NZX）提供的价格指导，用特定的价格来锁定一部分牛奶产品，可以降低市场风险，避免直接面对全球奶源价格的波动。每季度末，恒天然在公布本季农场牛奶价格及股息的同时，还会对下一季度农场牛奶价格和每股股息的价格区间进行预测。同时，GDT 每月两次的拍卖也让奶农能够更加精确地进行价格预测，来调整下一个生产季度的养殖与供奶计划，降低养殖风险。

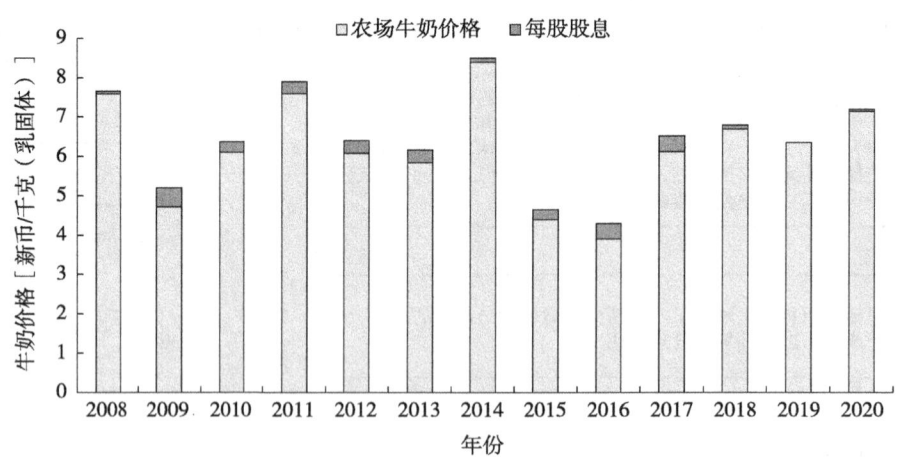

图 8　2008—2020 年恒天然牛奶价格
（数据来源：恒天然历年财务报告）

3.2.3 重视奶农教育培训，增强管理能力

恒天然设有 65 家网点，方便为奶农提供产品服务、专业知识和技术经验，并为符合条件的农民提供购买福利，如 90 天免息购买、分期付款、股东专享购买折扣等。奶

农可以利用网点、手机 App 或公司官网查询各种公开信息，包括牛奶产量、奶价、股息和利益分配情况等；奶农还可以通过公司的数字化平台进行网络研讨会，有机会参与各种学习和培训，交流牧场管理经验。2020 年恒天然为奶农提供专业技能服务时长超 27 万小时，培训内容除牧场技术管理外，还包括综合管理能力的提升，让其具备管理合作社所需的技能和能力。如 2006 年恒天然成立"治理发展委员会（GDC）"，通过"经营治理发展计划（GDP）"，培养奶农在治理、领导、战略规划和交付等领域的技能和能力，增强奶农对恒天然综合业务的理解，并鼓励和支持奶农采用良好的管理方法，持续提高牧场盈利能力、环境效率。

3.2.4 实施节本增效计划，助力可持续发展

设立"牧场环境计划"和"合作差异"计划。"牧场环境计划"旨在帮助奶农节本增效，保护牧场环境，主要通过创新基础设施建设，节省牧场电力消耗；减少运输和制造过程中化石燃料的使用，减少碳排放；有效管理牧场灌溉系统，推进牧场节水等措施。2020 年，恒天然已有 34% 的牧场在实行此计划，这一计划使新西兰煤炭使用量减少了 10%，到 2025 年恒天然将为每个牧场量身定制可持续发展计划。2021 年 6 月起，恒天然启动"合作差异"计划，由恒天然可持续发展顾问免费对牧场进行评估和指导，以帮助牧场达到可持续发展的要求。奶农在"合作差异"计划中，取得的成绩越多，奖励就越多，符合恒天然可持续发展与价值目标的牧场，最高可获得每千克乳固体 10 美分的额外激励款。这两项可持续发展计划不仅有利于提升牛奶附加值，增加农民收益，同时满足本土及全球客户对可持续生产乳品日益增长的需求。

4 对中国奶业发展的启示

4.1 推动生鲜乳价格协商机制建设

生鲜乳价格形成和调控机制是奶业健康发展的基石。恒天然按乳固体质量和产量论价，保障了交易公平性。但国内生鲜乳价格主要依靠乳品企业定价，乳品企业既是"运动员"又是"裁判员"，容易产生矛盾。国内应尽快推进生鲜乳价格协商机制的建立。2019 年农业农村部印发《2019 年畜牧兽医工作要点》，提出整顿生鲜乳收购秩序，建立生鲜乳价格协商机制，推动依法查处不履行购销合同及强买强卖的行为。政府应加大引导，建立由乳品企业、奶农和行业协会参与的生鲜乳价格协商机制，增强行业信息透明度。乳品企业与奶农双方应签订长期稳定的购销合同，形成稳固的购销关系，

避免生鲜乳价格大起大落，维护奶农和乳品加工企业合法权益，缓解生鲜乳供需矛盾，平衡上下游利益。

4.2 加强复合型奶业人才培训

中国奶业转型向纵深发展，奶牛养殖规模化程度大幅提高，存栏100头以上规模化比例由2004年的11.2%增至2020年的67.2%。智慧奶业成为大势所趋，人才作为奶牛养殖业发展的核心竞争力，急需既懂养殖技术又懂经营管理的复合型奶业人才。恒天然的奶农培训为我国探索奶农培训新方式提供了参考思路，牧场培训不仅要覆盖技术管理能力，还要培养其综合管理能力。2019年农业农村部印发《2019年畜牧兽医工作要点》启动牧场主及业务骨干培训计划。地方政府、行业协会应充分发挥服务职能，可以通过示范案例、技术讲解等多种形式，提升奶农对新技术的科学认知与使用，例如开展牧场经验管理主题培训班，总结交流发展经验；依托牧场资源，进行实践学习等。探索数字化信息平台建设，为牧场搭建沟通平台，不断创新培训方式，充分发挥新媒体作用，利用好线上交流模式。同时，牧场管理人员也应鼓励员工多出去参加培训和会议，可以让员工的理论水平和技术水平得到提高。

4.3 减少碳排放增强奶业可持续发展

2020年9月习近平总书记在第75届联合国大会上宣布，中国努力在2060年前实现碳中和[①]。联合国粮农组织（FAO）在《Livestock's Long Shadow》2016年报告中指出，畜牧业是温室气体效应的主要参与者，占温室气体排放总量的18%。奶业作为新西兰的支柱产业，2020年恒天然牧场通过可持续发展计划，碳排放减少了10%。我国奶牛存栏由2000年的489万头增至2019年的1044.7万头，奶牛产业发展潜力巨大，奶牛碳排放问题不容小觑，奶牛胃肠发酵、粪便管理、饲料粮种植、奶牛饲养耗能环节是奶牛产业碳排放的主要来源。首先，在养殖过程中，应不断优化奶牛饲喂结构，减少奶牛碳排放。另外，应加大奶牛产业碳减排补偿机制，不应只是强制性的措施，应该充分刺激养殖企业发挥主动作用，对于新型粪污处理设备予以补贴，对于减排贡献突出的饲料企业和乳品企业予以政策和经济支持。在畜禽粪污资源化利用过程中推行受益者付费机制，落实补贴政策。

---

① 碳中和是指企业、团体或个人测算在一定时间内直接或间接产生的温室气体排放总量，通过植树造林、节能减排等形式，以抵消自身产生的二氧化碳排放量，实现二氧化碳"零排放"。

参考文献

陈志英，阴妮，池相河，2017. 奶牛养殖碳排放脱钩效应分析 [J]. 世界农业 (11)：156-162.

甘雨田，2019. 中国奶牛产业碳排放量估算及影响因素研究 [D]. 哈尔滨：东北农业大学.

郭婷，2012. 全球乳品网上拍卖系统价格形成机制及影响 [J]. 广播电视大学学报 (哲学社会科学版)(3)：25-31.

沈洁，徐海俊，吕泓成，2018. 期货、期权与涉农跨国经营风险管控——以恒天然的全球化经营为例 [J]. 世界农业 (12)：200-203.

王晶晶，董晓霞，王玉庭，等，2019. 全球乳制品拍卖系统运行特征与拍卖机理［J］. 中国畜牧杂志，55(4)：131-136.

王礴礴，邵大富，张超，等，2020. 中国奶牛养殖业人力资源现状、存在问题及措施建议 [J]. 黑龙江畜牧兽医 (14)：12-17.

王云洲，温莹洁，胡士林，等，2016. 欧盟取消牛奶生产配额制对我国奶业发展的影响 [J]. 黑龙江畜牧兽医 (18)：21-24.

古吉拉特邦

Gujarat Co-operative Milk Marketing Federation

- 总部：印度
- 成立时间：1946 年
- 企业性质：合作社，区域性纯乳品企业
- 2020 年乳制品销售额：53 亿美元
- 2021 年"全球奶业 20 强企业"排行榜：No.18

利益联结机制即通过将企业、合作社和农户个体等主体力量进行集聚，构建出农户增收、产业化组织共赢的经济合作关系。其外在表现为利益联结模式，根据组织构造不同分为公司企业模式、合作社模式以及合同生产模式。内在表现为利益创造和利益分配，利益创造是利益分配的基础，交易成本降低及产品增值是利益创造的有效途径。《国务院办公厅关于促进畜牧业高质量发展的意见》（国办发〔2020〕31号）提出鼓励新型农业经营主体与中小养殖户建立利益联结机制，带动中小养殖户专业化生产，提升市场竞争力。我国奶牛养殖加工利益联结不紧，从根本上制约着奶业健康发展。《国务院办公厅关于推进奶业振兴保障乳品质量安全的意见》（国办发〔2018〕43号）提出要建立奶农和乳品企业之间稳定的利益联结机制，推进形成风险共担、利益共享的产业格局，增强奶农抵御市场风险的能力。而目前有关奶牛养殖与加工利益机制的研究主要基于国内奶业现状及奶业发达国家整体情况，鲜有基于国际大型奶业企业的个案研究。古吉拉特邦合作社牛奶销售联盟有限公司（Gujarat Co-operative Milk Marketing Federation Ltd.，GCMMF）总部位于印度古吉拉特邦的阿南德小镇，是印度最大的食品销售机构，产品以各类乳制品为主，还包含巧克力、含乳饮料、冰淇淋等。GCMMF以Amul合作模式而闻名，2020年以51亿美元的营业收入首次入围荷兰合作银行发布的"全球奶业20强企业"排行榜，名列第16位。与其他全球奶业20强企业不同，GCMMF营业收入的快速增长即利益创造途径不是通过兼并重组，而是通过收奶量的逐渐增加、加工能力的不断提升、新市场的不断开拓以及新产品的持续开发。该文基于GCMMF及其下属合作社官方网站资料信息，分析公司利益创造途径及其与奶农利益分配机制，并提出值得我国借鉴的经验。

1 公司利益创造机制

1.1 公司成立背景

1946年，印度古吉拉特邦阿南德小镇两个村庄的奶农为摆脱中间商的剥削，直接向孟买市场提供牛奶，在印度独立运动人士Sardar Vallabhbhai Patel的建议下，当地农民领袖Tribhuvandas K. Patel带领两个村庄的奶农成立了凯拉区共用牛奶生产者联盟（Kaira District Co-usable Milk Producers' Union，KDCMPUL）。1948年，Tribhuvandas K.

吉吉拉特邦（Gujarat Co-operative Milk Marketing Federation）

Patel 聘请从美国留学归来的 Verghese Kurien 博士担任 KDCMPUL 的职业经理人。1955年，为解决冬季牛奶的季节性过剩问题，KDCMPUL 在阿南德建立了第一家乳品加工厂，将过剩的牛奶加工成易于保存的黄油和奶粉，合作社也改名为阿南德牛奶联合会有限公司（Anand Milk Union Limited，Amul）。

1973 年，为了保障奶农合理收益，生产的所有原料奶能被收购，帮助区级联合会发展乳制品加工，处理所收购的原料奶，开发出市场认可的系列乳制品，并向消费者提供质优价廉的产品，印度古吉拉特邦的 6 个区级合作社联合成立了顶级营销机构，即古吉拉特邦合作社牛奶销售联盟有限公司（GCMMF），并实行公司制运营。GCMMF 历任主席见表 1。

表 1 古吉拉特邦合作社牛奶销售联盟有限公司历任主席

姓名	任期
Verghese Kurien	1973—2005 年
P G Bhatol	2006—2012 年
Vipulbhai M. Chaudhary	2013 年
Jethabhai P. Patel	2014—2017 年
Ramsinhbhai P. Parmar	2018 年至今

资料来源：历年 GCMMF Chairman speech, https://amul.com/m/46th-annual-general-body-meeting-on-18th-july-2020。

1.2 公司产品研发

印度乳制品出口较少，大部分产量在印度国内消费。GCMMF 亦是如此，其生产的产品主要满足国内需求，有少量出口。GCMMF 旗下现有 84 家乳品加工厂，12 家饲料厂，主要分布于古吉拉特邦。生产的产品以各类乳制品为主，包括液态奶［常温灭菌乳、巴氏杀菌乳、酸奶（Dahi）］、奶粉（成人奶粉、婴配粉）、干酪（Amul Processed Cheese）、黄油（Amul butter）、奶油奶酪（Paneer）、印度酥油（Amul Ghee）、巧克力、含乳饮料、土豆食品等，其中液态奶的销售份额最大。GCMMF 根据市场需求不断研发新产品。新产品开发的目的最初为解决牛奶生产的季节性矛盾，如 1955 年推出黄油产品，1959 年推出切达奶酪，1965 年将水牛乳制成脱脂乳粉。20 世纪 90 年代，GCMMF 新产品研发主要是为了生产出附加值更高的乳制品。21 世纪以来，随着印度居民收入的不断增长，消费者对乳制品的需求也发生了变化，其产品开发主要是为了取悦消费者以满足其期望，不断留意市场需求的转变，并主动适应这些转变。2016—2020 年共推出 127 种新产品，年均推出新产品 25 种以上，即平均每个月推出 2 种以上的新产品。

1.3 公司产品营销

GCMMF每天从遍布18 600个村庄的360万会员奶农收集2.2万吨牛奶，测试、分级后分两次运至84家乳品厂，加工包装后，以Amul品牌通过新鲜、冷藏、冷冻和常温4条供应链运往分布于全国的200个仓库。从这些仓库，再转移至数以千计的分销商，然后到100多万家零售店。

2002年开始，通过不断合并分销网络，加大在冷链基础设施上的投入，GCMMF逐步形成新鲜、冷藏、冷冻和常温4条分销网络，满足不同产品的分销需求，不断提高市场渗透率。4条网络使得Amul所有产品线之间发挥协同作用，并利用这些网络根据市场需求引进和销售新产品，迅速达到未开发的小城镇和农村市场。与此同时，为了应对连锁店等有组织零售业的冲击，在火车站、机场、大学、购物中心等场所开设Amul专卖店，通过专卖店直接面对消费者，为其提供完整的品牌体验，减少中间商，还可以作为系列产品展示台和新产品发布窗口，大幅提高Amul产品的品牌知名度。

1999年，GCMMF开始实施Amul yatra计划。经销商及其销售人员以及Amul专卖店特许经营商每年都被安排访问位于阿南德的公司，亲眼见证Amul的合作结构、合作文化、业务结构及流程等，进而认可Amul，成为其忠实的合作伙伴。2011年，为弥补农村和小城镇冷链不足，GCMMF提出超级经销商的分销模式，提高其冷藏、冷冻产品在农村和小城镇的覆盖率。

2020年全球新冠肺炎疫情暴发，在印度，外出消费减少，家庭消费增多。消费者采用网上购物和家庭送货的方式采购各类日常用品，即使疫情结束，这一消费行为还将持续，针对这一变化，GCMMF积极与国内的在线订购家庭送货平台合作，发展电商业务。

1.4 公司品牌策略

GCMMF因其品牌Amul而在印度家喻户晓。1955年，为实行品牌化战略，KDCMPUL建立第一家乳品加工厂时，将Amul作为其产品品牌。Amul源于梵文"Amulya"，意思是无价之宝，也是"Anand Milk Union Limited"的缩略词。1973年，在GCMMF成立之后，Amul品牌也交由其运营。

虽然Amul品牌早在1957年就已注册，但直到1966年才开始通过广告推广。Amul雇佣DaCunha广告公司为其策划广告，由于当时的电视和印刷媒体上的广告费比较昂贵，该公司的创始人Sylvester DaCunha设计出了Amul女孩作为广告吉祥物用于广告宣传活动。Amul女孩标志性的蓝色头发、胖胖的脸蛋、大大的眼睛、长长的睫毛，穿着圆点小礼服，头戴红白相间的蝴蝶结，这一形象深受印度家庭主妇的喜爱。

········ 吉吉拉特邦（Gujarat Co-operative Milk Marketing Federation）

1966年以来，Amul品牌通过Amul女孩生产了数千个主题广告，广告主题来自最近发生的新闻，并用诙谐时髦的能反映民众想法和感受的句子加以概括。每当有新闻事件发生时，民众就会想到"Amul女孩会说什么？"Amul的广告不仅是娱乐，还成为印度文化的一部分。一些家庭主妇还收集了十多年的Amul黄油包装上的广告，并制成专辑，给孙辈们看，让他们了解印度曾经发生的一些重要事件。2009年，作为世界上持续时间最长的广告宣传活动，Amul的广告赢得了吉尼斯世界纪录。

Amul遵循"品牌房屋架构"的方式，无论它推广什么都是在一个共同的品牌名称下完成的——Amul。重点是推广母品牌，而不是单个产品；这有助于Amul获得更多的品牌知名度，并减少在营销和广告成本上的支出。当他们以一个共同的品牌名称"Amul"推广所有产品时，可以获得更多的品牌知名度，从而降低营销和广告成本。

1.5 公司经营状况

20世纪90年代末以来，GCMMF营业收入快速增长。据历年GCMMF Chairman speech数据，1998—2020年，GCMMF营业收入从1998年的4.55亿美元上升至2020年的51亿美元，年均增长率11.61%。从发展速度来看，1998—2020年，GCMMF营业收入呈现两阶段增长，1998—2005年，GCMMF的营业收入增长相对缓慢，2005年比1998年增长了50%，年均增长率5.96%；2006年之后快速增长，2020年营业收入是2006年的6倍多，年均增长率13.7%（图1）。收奶量的逐渐增加、加工能力的持续扩大、新市场的不断开拓以及新产品的持续开发是近10年GCMMF营业收入加速增长的主要原因。

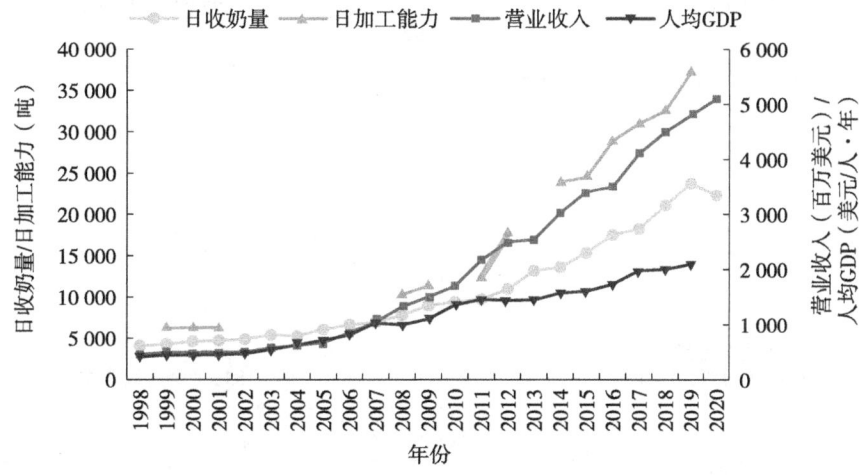

图1 1998—2020年GCMMF营业收入、日收奶量和日加工量变化情况

（数据来源：历年GCMMF Chairman speech，https://amul.com/m/46th-annual-general-body-meeting-on-18th-july-2020）

收奶量的逐渐增加是推动 GCMMF 营收逐年向好的关键因素。据历年 GCMMF Chairman speech 数据，1999—2019 年，GCMMF 原料奶收购量由 4 279 吨/天增至 23 767 吨/天，年均增长率 8.95%；同期加工量由 6 198 吨/天上升至 37 188 吨/天，年均增长率 9.37%。

2 与奶农的利益联结机制

2.1 Amul 合作模式组织框架

GCMMF 公司以 Amul 合作模式而闻名，该模式包括三级合作组织（图 2）。第一级为村级合作社，目前印度全国有村级合作社 18.6 万个，古吉拉特邦有 1.86 万个，全国有社员奶农 1 660 万人，古吉拉特邦有 360 万人。每个村的奶农只要拥有 1 头奶牛，

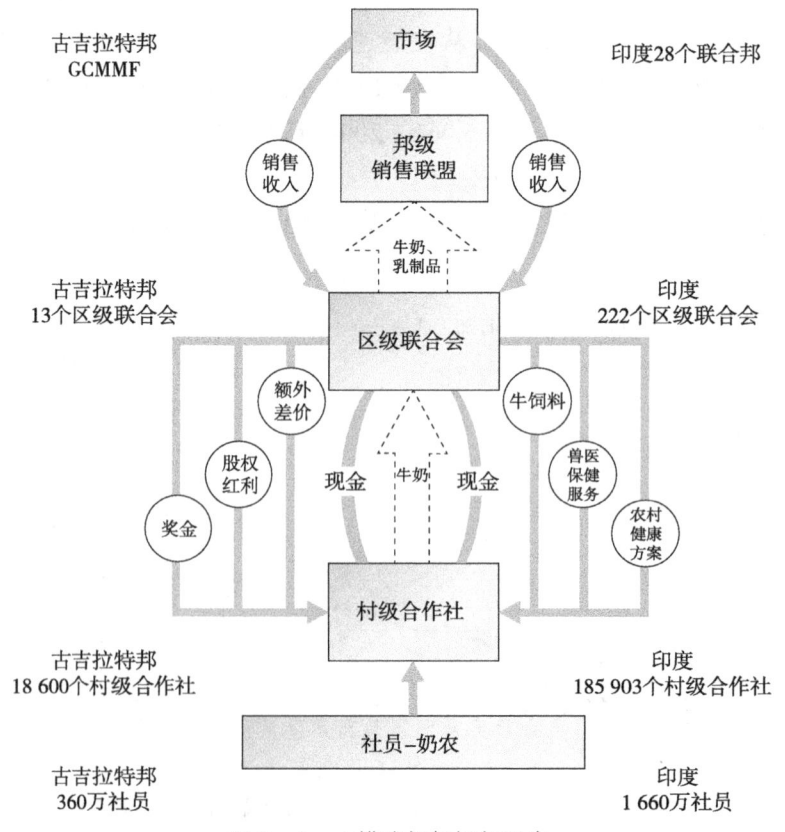

图 2　Amul 模式组织框架示意
（资料来源：GCMMF 官网，https://amul.com/m/about-us）

吉吉拉特邦（Gujarat Co-operative Milk Marketing Federation）

一次性支付11卢比（10卢比作为股金，1卢比作为管理费），就可以申请成为会员。申请人必须承诺每年向合作社最低交奶量，一般为600~700升。会员选举9名代表组成管理委员会管理村级合作社，负责向会员购买原料奶并销售给区级合作联合会。每个村的奶农会员推选出代表组建管理委员会，选举的9名代表组成管理委员会管理村级合作社。村级合作社负责收购会员的原料奶并将其销售给区级合作社。第二级为区级合作社，其管理委员会由各村级合作社提名的代表或主席组成。区级合作社负责将原料奶加工成乳制品，在当地市场销售，剩余的产品出售给邦级合作社。目前全国有区级合作社222个，古吉拉特邦有18个。第三级为邦级销售联盟。邦级销售联盟负责在国内及国际市场销售牛奶及乳制品，区级合作社的主席通过民主选举产生的董事会管理邦级销售联盟。目前印度28个联合邦均成立了邦级销售联盟，古吉拉特邦邦级销售联盟即GCMMF。

2.2 Amul合作模式的作用

1964年，时任印度总理Shri Lal Bahadur Shasri访问阿南德，他发现Amul合作模式有效改善了农村和农民的社会经济状况，而印度政府以往推广的乳业发展计划却没有达到这样的效果。他希望有一个国家级组织在全国范围内推广Amul合作模式。1965年，国家奶业发展委员会（National Dairy Development Board，NDDB）在阿南德成立，并于1970年启动了印度乳制品发展方案即"洪流行动"，Verghese Kurien被任命为NDDB的主席。"洪流行动"以提高产奶量为目的，于1970—1996年分三个阶段进行。通过消除中间商，将其享有的牛奶销售利润转移给奶农，使生产者和消费者的联结更加紧密，使生产、加工、销售都掌握在奶农手里，保证奶农全年有固定收入。1951—1970年，印度政府实施的旨在提高奶牛饲养量及生产性能的系列方案，由于不能给奶农带来稳定且有回报的收入，导致牛奶产量停滞不前。1961—1970年，印度牛奶产量从1984万吨增长至2018万吨，仅增长了1.69%，人均牛奶占有量从43.2千克/（人·年）降至36.3千克/（人·年），下降了15.8%。而1970—1996年，牛奶产量从2018万吨增长至6 546万吨，增长了两倍之多，人均牛奶占有量从36.3千克/（人·年）增长至66.6千克/（人·年），增长了将近1倍（图3）。印度也由一个主要依赖进口满足国人乳制品消费的国家成为完全自足的国家，并一度成为世界第一大牛奶生产国。

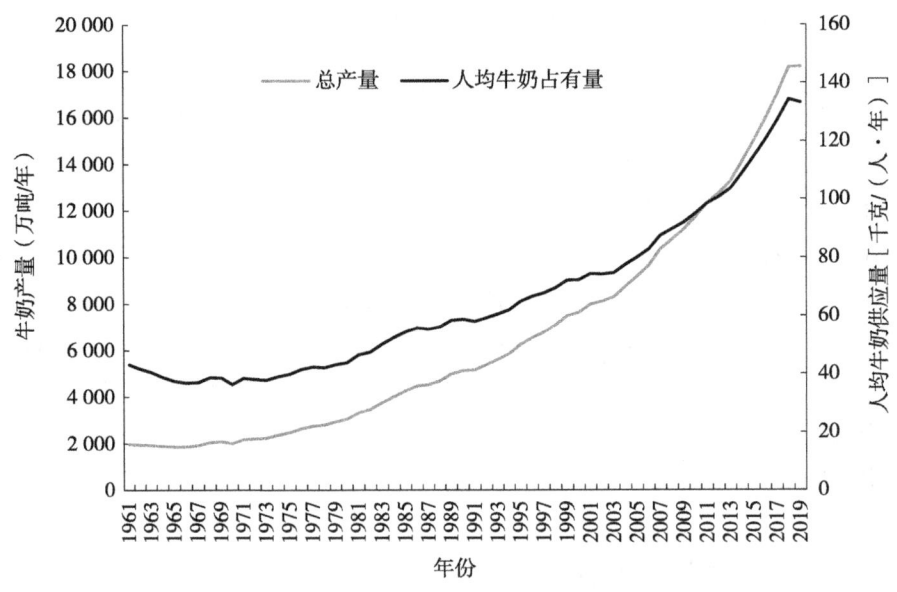

图 3　1961—2019 年印度牛奶产量及人均牛奶供应量
（数据来源：FAO，http://www.fao.org/faostat/en/#data/QL）

2.3　Amul 合作模式下的奶农利益保障

Amul 模式通过培育区级合作社发展奶农会员。为及时就近加工奶农生产的原料奶，区级合作社会员发展到一定程度时，便在该区建设配套的加工厂。如成立于 2014 年 3 月的古吉拉特邦 Porbandar 区奶农联合有限公司（Panchmahal District Cooperative Milk Producers' Union Ltd，PDCMPUL），GCMMF 从技术、管理和市场销售等方面为其提供支持，帮助其逐步建立合作组织架构，于 2017 年成为 GCMMF 的正式会员。PDCMPUL 通过不断发展村级合作社成员以扩大其收奶量，其村级合作社成员从 2015 年的 198 人增加到 2018 年的 800 多人，并于 2019 年建成日处理 20 万升牛奶的加工厂。

Amul 模式下会员奶农可以获得高奶价，更好地保障奶农收益。通常 GCMMF 提供的收奶价格比私营企业高出 15%～20%，比其他合作社高出 5%～7%。2007—2019 年，GCMMF 原料奶收购价格从 234 卢比/千克脂肪上升至 2018 年的 783 卢比/千克脂肪，2019 年略有下降（748 卢比/千克脂肪），是 2007 年的 3.19 倍（图 4）。持续增长的原料奶价格使得会员奶农获得稳定的收入，从而促使其加大投资提高畜群规模和产奶量。即使在 2020 年新冠肺炎疫情期间，许多私营企业要么停止收奶，要么大幅降低收奶价格，而 GCMMF 继续以较高的价格收购奶农的牛奶。

·········· 吉吉拉特邦（Gujarat Co-operative Milk Marketing Federation）

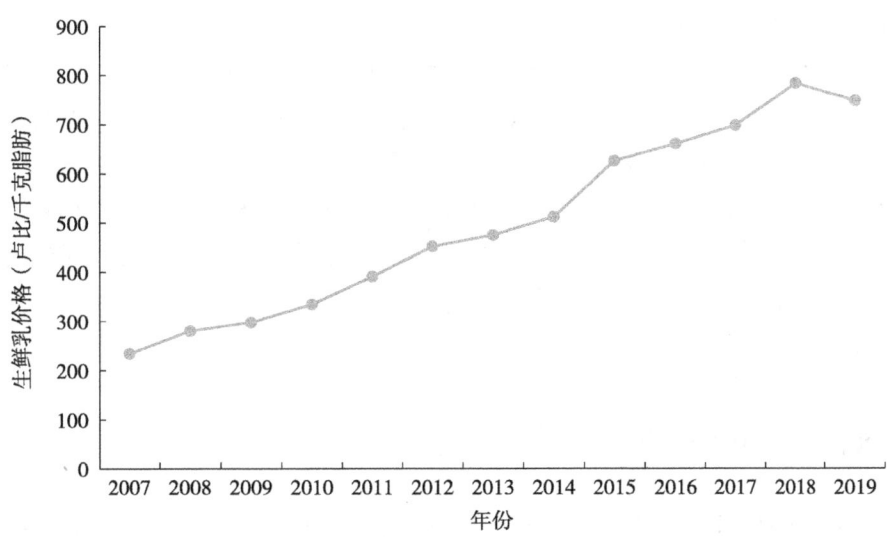

图 4　2007—2019 年 GCMMF 原料奶收购价格

（数据来源：历年 Amul 年报，http://www.amuldairy.com/index.php/the-organization/chairman-speech）

Amul 模式下会员奶农可以及时拿到奶款，保障了奶农资金流。GCMMF 在每个村级合作社所在地都建有牛奶收集中心，并配以低温冷藏罐，每个区每 50 多个村级牛奶收集中心配备一个牛奶冷藏中心，不同冷藏中心之间距离在 40 千米左右。会员奶农每天将所挤牛奶送到村级收集中心，测试合格后，即可拿到支付奶款的账单。1997 年开始，GCMMF 在村级牛奶收集中心推广自动收奶系统，该系统在 30 秒内即可给出脂肪/非脂固形物（SNF）含量测定结果，提高了业务的透明度和收奶效率。而在此之前，奶样需送到牛奶冷藏中心进行检测，奶农需要等上几周才能测试结果。

Amul 模式下会员奶农可以获得技术服务，提升养殖水平和效率。如区级合作社会向村级合作社提供低价优质的奶牛饲料、品种改良和动物保健方案等服务，通过各区域的人工授精中心为奶农提供育种服务（即利用优质公牛的冷冻精液对社员的奶牛进行遗传改良），以及 24 小时流动兽医应急服务等，提高会员奶农的牧场养殖水平和养殖效率。

3　对中国奶业发展的启示

3.1　立足国内市场，稳定奶业发展

与印度相似，我国城乡居民乳制品消费随着经济水平提升而不断提高。2019 年，

印度牛奶人均占有量已达 133.2 千克/（人·年），而我国仅为 35.8 千克/（人·年），未来消费潜力巨大。GCMMF 坚持立足国内市场，有效地利用印度消费者收入水平增长的市场机遇，不断扩大国内市场，有效规避了国际乳制品市场的影响。党的十九届五中全会通过《中共中央关于制定国民经济和社会发展第十四个五年规划和二〇三五年远景目标的建议》，提出加快构建以国内大循环为主体、国内国际双循环相互促进的新发展格局，为中国乳品企业指明了发展方向。中国乳业应首先立足超大规模的国内市场和日趋完善的国内产业链，提高自给率，减少对国际乳制品市场的依赖，推进国内奶业的稳定发展。

3.2 强化中小奶农在行业的地位

合作社基于中小奶农而建立，与之对应的则是超大型奶牛养殖场（如万头牧场）。可以将二者形象比喻成设备制造的两种思路，即集成化和模块化。大规模的奶牛场属于集成化，通过构建一个大的系统来进行生产，优点是便于统一管理，牛奶质量安全水平高。缺点是系统内各生产环节间分工合作，相互关联，找不到确切的负责人，一旦出现问题，就有可能导致整个系统瘫痪。如出现某个牛感染烈性传染病，很快就会波及整个牛群。合作社属于模块化，各个牧场间相互独立，而且每个牧场都有明确的负责人。某个牧场出问题，不会影响整个系统的运行。合作社是一个非常有效的组织，而且非常灵活，其发出的威力是非常巨大的。每天有 360 万个奶农为 GCMMF 供应原料奶，即使某天有上万个奶农不供应原料奶，GCMMF 也不会为奶源不足发愁。近年来，随着国内低温奶市场的发展，对本地奶源的需求旺盛，大型乳品企业通过收购、自建等形式布局自有奶源，多地掀起了建设万头牧场的风潮。但受土地、环保条件等的约束，再加上牛源紧缺，通过建设万头牧场提高奶源自给率难度较大。而且一旦在奶业上出现类似于非洲猪瘟的烈性传染病，对中国奶业的打击将是巨大的。应充分发挥中小奶农"船小好调头"的优势，以模块化思维来构建中国奶业体系。

3.3 发展干乳制品产业，完善产业链条

牛奶在生产、收集上存在着空间上的分散性，时间上的非连续性和一定的季节性等特点。然而，市场对牛奶的消费需求在空间上却是集中的，在时间上是持续的。由于中国的乳制品以液态奶为主，进而导致奶源出现季节性供需不平衡，丰拒歉抢的现象轮番上演，乳品企业和奶农之间均难以获得稳定的收益。中国的乳品企业应借鉴 GCMMF 的成功经验，发展奶酪、黄油等干乳制品产业，一方面解决奶源季节性供需不平衡的问题，另一方面提高产品附加值，获得更高的利润。

参考文献

何思妤，曾维忠，2019. 后期扶持产业发展与库区移民减贫增收利益联结机制研究——基于四川省的调查数据 [J]. 经济体制改革 (2): 195-200.

黄正多，2008. 印度奶业合作社迅速发展的原因及其启示 [J]. 南亚研究 (1): 32-35.

李和平，张晓晓，2019. 农户视角下现代农业产业园利益联结机制探析 [J]. 农村经济 (7): 119-126.

李晶，2012. 内蒙古乳产业龙头企业与奶农利益联结机制博弈研究 [D]. 雅安：四川农业大学.

刘郁远，2010. 乳品加工企业与奶农利益联结机制研究——以呼和浩特地区为例 [D]. 呼和浩特：内蒙古财经大学.

彭华，王晶晶，彭蕾，2020. 2019 年奶源形势分析及 2020 年展望 [J]. 中国乳业 (1): 9-13.

孙永健，2020. 2019 年我国奶业发展情况 [J]. 中国乳业 (1): 3-5.

王宏，2013. 福建农业产业化中农户与龙头企业利益联结机制研究 [D]. 福州：福建师范大学.

王礞礞，冯艳秋，王玉庭，2018. 以色列奶业发展经验及对中国的启示 [J]. 世界农业 (6): 158-162.

张超，王晶，刘浩，等，2019. 爱尔兰奶业发展现状 [J]. 草业科学，36(10): 2675-2684.

明日をもっとおいしく
meiji

明

Meiji

- 总部：日本
- 成立时间：1916 年
- 企业性质：私营企业，区域性综合性食品加工企业
- 2020 年乳制品销售额：60 亿美元
- 2021 年"全球奶业 20 强企业"排行榜：No.13

> 日本明治集团成立于1917年，后经过不断发展，形成了包括乳业、糖果业和药业等三大板块，在日本、中国、泰国、印尼、新加坡、韩国、印度、美国、英国、西班牙、澳大利亚、新西兰等国开展乳制品、糖果产品、药品及设施设备研发、生产、销售为一体的跨国公司，是日本最大的乳制品和食品生产企业。2020年销售收入108.97亿美元，据荷兰合作银行评选，在"全球奶业20强企业"排行榜中居第13位。

1 公司发展

1.1 发展历程

日本明治株式会社成立于1917年12月21日，总部设在日本东京中央区，1917年，京东炼乳株式会社成立，1920年成立明治商事株式会社，1921—1924年，相继研发推出"明治玛丽"牛奶、"帕特罗根"婴配粉、"明治黄油""明治奶酪"和"明治冰淇淋"，同时，在1923年开始出口糖果产品和乳制品；1925年，川崎工厂建成投产。1940年京东炼乳厂改名为明治乳业，1950年研发推出"明治哈奈酸奶"，1971年，推出首款纯酸奶"明治纯酸奶"，次年，明治糖果与明治商事合并，并将乳品部门并入明治乳业，之后研发推出了"明治保加利亚酸奶"，增加酸奶产品的生产。1974年开始开拓海外市场，在新加坡成立明治塞卡（新加坡）有限公司。1989年在泰国成立CP明治有限公司，次年在曼谷成立办事处，此后的1993年，在中国成立明治糖果有限公司，1994年，位于澳大利亚墨尔本的明治乳业澳大拉西亚有限公司开始乳制品原料采购和销售。2001年，在印尼成立PT明治食品印度尼西亚，2002年，"明治美味牛奶"开始在日本全国销售，2009年，明治糖果株式会社和明治乳业株式会社合并，成立明治控股有限公司，并在2011年重组，成立明治集团。明治集团下设食品公司明治株式会社和药品公司Meiji Seika法尔玛株式会社，同年，明治乳业（苏州）有限公司成立，正式进入中国市场。2012年，明治冰淇淋（广州）有限公司成立，开始进入中国的冰淇淋市场；2017年在中国成立台湾明治食品有限公司，开展婴配粉的进口和销售等业务，2020年，在新西兰奥克兰成立明治新西兰有限公司。目前已经形成了以乳制品加工与销售等为主营业务，在泰国、越南、中国大陆和中国台湾、澳大利亚等国家和地区开展生鲜乳及乳制品的生产加工与销售业务。

1.2 明治在中国的发展

明治集团业务主要包乳业、糖果业和药业等三大板块。早在 20 世纪 90 年代初，明治已经开始进入中国市场。1993 年，广州明治制果有限公司成立，开始生产"明治欣欣杯蘸酱饼干条""明治橡皮糖巧克力"等糖果类食品；21 世纪以来，明治继续加大进军中国市场，于 2004 年投资建设明治制果食品工业（上海）有限公司，引进销售日本进口产品，并逐步开始生产包括巴达木、澳洲坚果等口味巧克力，并开始向美国、中国香港等地出口产品。此后，明治在中国的业务范围继续扩大，2014 年，明治乳业在苏州开始投资建立乳制品加工工厂，明治乳品开始进入中国乳品市场。目前，明治在中国市场销售的乳制品包括了纯奶、酸奶、乳酸菌饮料以及餐饮用牛奶、奶油等，产品品种达到接近 20 种。

1.3 公司布局

1.3.1 区域布局

自 20 世纪 80 年代末开始拓展海外市场以来，明治乳业在国际市场的布局不断丰富，逐渐形成了以日本为主，同时布局泰国、越南、中国大陆、中国台湾、澳大利亚等国家和地区。目前，除在日本具有奶业生产工厂外，明治的乳品企业也广泛分布在泰国、中国（共有苏州和天津两家乳品公司和广州冰淇淋公司）、澳大利亚等国建立了乳制品生产与销售网络。目前，明治集团在全球共有员工 17 571 人，其中，在日本共有员工 12 304 人，在亚洲（除日本外）和大洋洲共有员工 4 363 人，在欧洲共有员工 333 人，在美国有员工 571 人。

1.3.2 业务布局

明治集团业务主要包括乳业、糖果业和药业三大核心业务。自 1917 年明治成立，开始炼乳生产，1946 年开始药品生产，业务范围在不断扩大中重组，形成了目前以糖果、营养品、乳制品加工销售的食品业和以药品生产为主的药业等两大核心业务。2020 年，明治集团营业收入为 115.22 亿美元，其中，食品业务营业收入为 96.44 亿美元，占 83.7%，药品业务营业收入为 18.78 亿美元，占 16.3%；食品业务海外区域营业收入为 4.45 亿美元，占食品业务营业收入的 4.6%，药品业务营业收入为 4.0 亿美元，占 21.2%。

1.4 产品及品牌

1.4.1 主要产品

经过近100多年的发展，日本明治集团已形成集药品及设备，巧克力、糖果、乳制品、运动营养品、营养品等产品在内的丰富的产品线，尤其是在食品领域，日本明治集团已经成为日本最大的食品公司，也是全球奶业20强企业。乳制品方面，形成了丰富的产品线，满足日本乳制品市场的个人消费以及餐饮企业消费。目前，明治集团乳制品主要可以分为三类，第一类是液态奶品类，包括鲜奶、酸奶、饮料乳等产品；第二类是干乳制品，主要包括奶酪、奶油、乳脂以及婴配粉等。此外，日本明治集团还针对餐饮行业生产餐饮产品，如明治デイズキッチン和明治TANPACT两个品牌的餐饮用奶酪。

1.4.2 乳制品品牌

经过多年的发展，日本明治乳制品品牌不断丰富，据不完全统计，涉及的乳制品品牌达到22个（表1），其中鲜奶品牌1个，酸奶品牌5个，乳饮料品牌2个，奶酪品牌4个，奶油及人造奶油品牌6个，乳脂品牌1个，婴幼儿产品品牌2个。

1.5 公司经营情况

1.5.1 销售收入

近五年日本明治集团销售收入波动增长。2016年，日本明治集团销售收入为110.86亿美元，同比增长1.9%，其中，食品销售收入96.45亿美元，同比增长2.4%，药品销售收入14.41亿美元，同比下降1.3%。得益于食品业务的稳步增长和药品业务的快速增长，2017年销售收入达到近5年最高，为116.92亿美元，同比增长5.5%。之后，受食品业务下降影响，销售收入有所下降，2020年为108.97亿美元，比2017年下降6.8%至，其中，食品销售收入为91.29亿美元，比2017年下降9.7%（图1）。

1.5.2 净利润

日本明治集团保持稳定的盈利能力。过去五年，尽管销售收入出现波动，但日本明治集团保持了持续盈利，净利润保持在5亿～7亿美元。

.... 明治（Meiji）

表1 日本明治乳制品品牌

类型	品牌名称	品牌形象
鲜牛奶	明治おいしい牛乳（美味的牛奶）	
酸奶	明治プロビオヨーグルト LG21（普罗维奥酸奶 LG21）	
	明治プロビオヨーグルト R-1（普罗维奥酸奶 R-1）	
	明治プロビオヨーグルト PA-3（普罗维奥酸奶 PA-3）	
	明治スキンケアヨーグルト素肌のミカタ（护肤酸奶素肌的米卡塔）	
	明治ブルガリアヨーグルト俱楽部（保加利亚酸奶俱乐部）	
	明治北海道十勝ミルクきわだつヨーグルト（北海道十胜牛奶基瓦多松酸奶）	
乳饮料	明治それいけ！アンパンマンシリーズ（去吧！安潘曼系列）	
	明治 LOVE（ラブ）（爱）	
奶酪	明治北海道十勝チーズ（北海道十胜奶酪）	
	明治 QUARK（QUARK）	
	明治デイズキッチン（日厨房）	
	明治 TANPACT（TANPACT）	
奶油	明治チューブでバター 1/3（管黄油 1/3）	
	明治スプレッタブル（斯普雷塔特）	
	明治クリーミースム～ス（奶油）	
	明治ケーキマーガリン（蛋糕人造素）	
	明治コーンソフト（玉米软）	
	オフスタイル	
乳脂	明治北海道十勝純乳脂（北海道十胜纯乳脂）	
婴幼儿产品	明治ほほえみ（婴幼儿液态奶）	
	明治ステップ（婴配粉）	

资料来源：https://www.meiji.com/global/

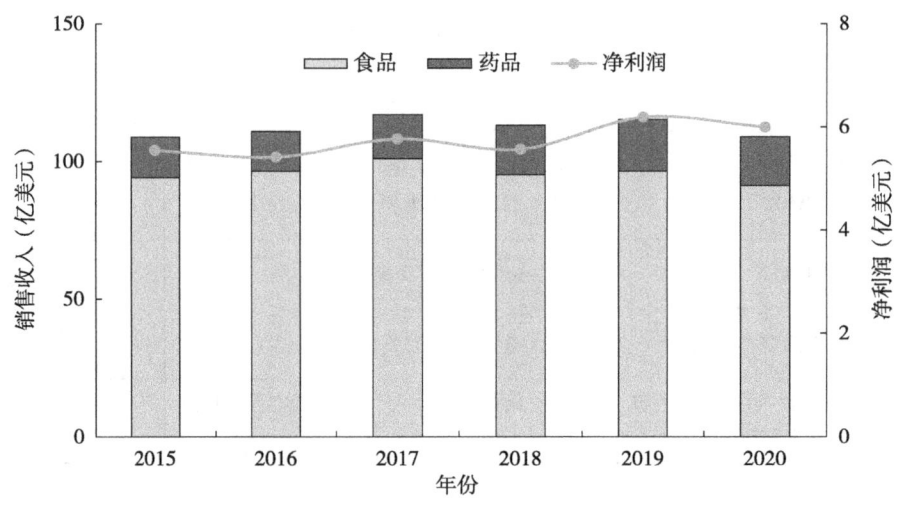

图 1　2015—2020 年日本明治集团销售收入及利润
（数据来源：https://www.meiji.com/global/）

2 与奶农的利益联结机制

日本明治株式会社不断完善奶业利益联结机制，尤其是在奶农老龄化背景下，多途径加强与奶农的利益联结，保障奶牛养殖群体利益。

2.1 制定稳定、公平的生鲜乳采购政策

明治株式会社于 2019 年公布生牛乳采购指南，在生鲜乳收购过程中，检查牧场的环境和饲料质量，在进入乳品加工厂时开展乳成分和物理特性等理化分析，保障乳制品质量。

2.2 针对奶农开展生产者管理支持活动（Meiji Dairy Advisory，MDA）

明治株式会社通过专业技术人员开展诸如动物保健、奶牛饲料制作、繁育受精、疫病防治等方面的专业培训与咨询活动，以提高牧场生产的规范性和可操作性，减少牧场的浪费。

2.3　与日本国内各家奶业协会、合作组织组建利益共同体

明治与位于北海道中川县美福镇的北遥农业合作社合作，北遥农业合作社是在日本北海道牧场数量减少、从业人员老龄化、接班人短缺等背景下建立起来的合作组织，北遥农业合作社有效将牧场生产者联合，将奶牛、牛舍以及办公用房等进行了集中管理经营。明治株式会社与北遥农业合作社建立了长期的合作关系，收购其下属牧场生产的生鲜乳，并与其合作开展北海道地区的奶农培训等。

2.4　设立工作小组，开展牧场专业技术服务

明治株式会社按照日本奶牛养殖区域设置不同的小组，每个小组安排1～2名工作人员，负责该区域内牧场的生产管理、奶牛疾病、饲草料制作等专业的技术咨询服务，以及牧场的生鲜乳收购监管等工作。各小组工作人员通过长期、持续的牧场跟踪服务，除了与牧场建立长期的生鲜乳购销关系外，也搭建了稳定的牧场管理、技术咨询服务关系。

2.5　加大与牧场合作，生产有机牛奶

1999年，日本明治株式会社开始鼓励牧场种植并对奶牛饲喂有机饲草，实现有机生鲜乳生产，对于开展有机生鲜乳生产的牧场，帮助其申报日本有机JAS标准认证。对获得JAS标准认证的牧场，明治株式会社对其生产的生鲜乳进行收购，并加工成有机牛奶进行销售。通过鼓励牧场开展有机生鲜乳生产，提升了牧场的养殖收益，保证了牧场利益，实现了奶牛养殖与环境的可持续发展，也巩固了明治株式会社与奶农之间的利益联结。

3　对中国奶业发展的启示

日本明治乳业在业务布局、产业链利益联结机制维护、消费者教育等方面的成功经验，对中国乳品企业以及奶业产业发展具有一定的启示。

3.1 多元的业务布局保障了企业的持续发展

自企业创办以来,日本明治集团不断扩展业务领域,有效保障了企业的发展。在产品布局方面,逐渐形成了集药品及设备生产与服务,巧克力、糖果、乳制品、运动营养品、营养品等食品生产与销售的多元化业务布局。在区域布局上,20世纪80年代末,日本明治集团开始拓展海外市场,其中,乳业板块逐渐形成了包括日本、泰国、越南、中国大陆、中国台湾、澳大利亚等国家和地区的布局,形成了涵盖日本、泰国、中国、澳大利亚等国的乳制品生产与销售网络。丰富的产品布局和多元的市场布局,有效缓解了单一行业、单一市场波动对企业运营带来的不确定性和市场风险,保障了企业营收和利润的稳定,促进了企业的持续发展。建议国内乳品企业借鉴日本明治集团业务布局模式,在聚焦乳制品业务的同时,加大对糖果、运动营养品、营养食品以及餐饮用乳制品等乳业周边产品市场的开发;对于具有区位优势的乳品企业,加大与周边国家、地区的合作布局,缓解因产品结构、市场结构带来的市场波动,稳定企业经营。

3.2 多途径的利益联结机制促进企业稳步发展

长期以来,日本明治乳业通过不断探索,逐渐形成了多途径、多角度的利益联结机制,促进了企业稳步发展。在生鲜乳收购上,通过制定、公布生鲜乳采购政策,与奶农形成了生鲜乳收购质量标准共识;在对奶农的支持上,通过开展生产者管理支持活动以及以工作小组开展牧场专业技术服务,有效帮助奶农提升牧场管理水平和养殖水平;在合作方式上,除了与奶农直接合作外,与地方性的奶业协会及合作组织开展合作,形成多维度的利益共同体,保障合作的紧密性。多途径、多角度的利益联结机制,有效促进了奶业产业链条各个环节的紧密联结,促进了企业稳步发展。目前,国内乳品企业与奶农利益联结方式相对单一,建议乳品企业、奶农积极探索新的合作模式,综合考虑生鲜乳定价、技术服务、合作方式,形成多视角、多维度的合作,进一步促进养殖、加工环节的利益联结。

3.3 丰富的消费者教育与科普活动推动了品牌发展

除了与奶农组建利益共同体之外,与消费者构建稳定的信任链条也尤为重要。与中国一样,日本乳品市场也曾受到过来自雀巢等欧美乳制品品牌的冲击,明治乳业作为日本最大的乳制品供应商,通过开展丰富的消费者教育与科普活动,推动了本国乳制品的发展。一是开展系列食品教育公益活动，如饮食营养平衡、历史名人最喜欢的食物、世界饮食与文化、人体食物过敏及应对等系列科普活动，系统科普人体饮食营养。二是通过食谱菜单，推广用乳制品制作烹饪食物。三是观光体验，通过参观牧场、加工厂，制作酸奶等乳制品，参与乳制品监测，加深对企业乃至本国乳制品的了解与认知。四是开展乳制品与人体健康教育，开展"晚上酸奶""牛奶蛋白的力量""卡曼伯特奶酪与健康"等系列科普，通过专业研究、案例介绍等方式向消费者科普专业的乳制品与健康知识。通过丰富的消费者教育与科普活动，加深了日本消费者对于乳制品重要性的认知，推广了乳制品的食用范围，在增加消费者对本国乳制品认知的同时，推动了企业品牌的发展。建议国内乳品企业在产品宣传、消费者教育时，借鉴日本明治乳业的做法，开展食物食谱教育、营养健康教育等专题教育，增加观光体验，推广乳制品食用范围，增加消费者对本国乳制品的认知。